어린이를 위한 뇌과학 프로젝트

정재승의
인간탐구보고서

기획 정재승 | 글 정재은 | 그림 김현민 | 심리학 자문 이고은

아울북

차례

펴내는 글 **6**
　　<인간 탐구 보고서>를 시작하며
등장인물 소개 **12**
프롤로그 **14**
　　일등학원 자습실에서는
에필로그 **135**
　　옥상의 비밀
뇌가 말랑해지는 시간, 14권 미리보기 **139**

1 검은 양복과 보스의 만남 ········· 20
외계인들을 지켜보는 지구인의 과거

2 루이는 공부가 하고 싶어 ········· 40
원할 때는 공부가 재미있는 지구인
　보고서 **72**　공부가 재미있을 수 있을까?

3 아우린의 새로운 임시 본부 ········· 57
공부를 안 할 때만 말똥말똥한 지구인들
　보고서 **73**　졸음과 사투 중인 지구인

4 또 다른 방해꾼 등장! 71
공부하는 지구인은 특별 대우를 받는다
보고서 74 지구인들이 공부하는 이유

5 2등 귀신의 저주? 89
지구인은 1등을 너무 좋아해
보고서 75 공부를 잘하는 지구인은 뭐가 다를까?

6 하나가 시험을 망친 이유 105
시험 기간엔 신경 쓰이는 게 너무 많아
보고서 76 상황에 따라 다르게 가는 지구인의 시간

7 새로운 전학생 123

펴내는 글

〈인간 탐구 보고서〉를 시작하며

다시 새로운 모험이 시작되었네요

아우레 행성에서 온 지구 탐사대 라후드 일당이 인간들을 만나 좌충우돌 우여곡절을 겪으면서 인간을 이해해 가는 모험담이 10권으로 마무리되었고, 이제 새로운 모험이 시작되었습니다. 지금까지 '인간 탐구 보고서'를 아껴 주신 모든 분께 진심으로 감사드립니다. 그리고 새로운 모험을 설레는 마음으로 지켜봐 주실 어린 독자 여러분께 다시 한번 감사드립니다.

지구에 남은 라후드와 오로라 그리고 지구를 독차지하려는 루나에겐 앞으로 어떤 일들이 펼쳐질까요? 아우레로 돌아간 외계인들과 지구인을 우리는 앞으로 영영 보지 못하는 것일까요? 주름을 펴기 위해 샤포이 행성을 찾아 떠난 보스가 어떤 모습이 되었을지 무척 궁금한데, 우리는 다시 그를 볼 수 있을까요? 앞으로 10권 동안 진행될 시즌 2에서는 훨씬 더 흥미로운 모험담이 기다리고 있으니 즐겨 주시길 바랍니다.

청소년들에게 '호모 사피엔스 뇌의 경이로움'을 일깨워 주었으면

저는 여전히 어린이와 청소년들이 반드시 알아야 할 학문이 있다면, 그것은 '우리들에 대한 과학'이어야 한다고 생각합니다. 우리 인간이 왜 이렇게 행동하고 생각하는지 '마음의 과학'을 일러 주어야 한다고 말입니다. 어린 시절 우리가 무척 궁금해하고 고민하는 대부분의 것들은 바로 나와 가족, 친구들 그리고 이웃들의 마음에서 비롯된 것들이니까요.

'인간 탐구 보고서'를 통해 여러분들은 외모에 지나치게 신경 쓰고, 무언가를 자주 잊어버리고, 하루에도 몇 번씩 감정의 롤러코스터를 타며, 사춘기의 열병을 앓았던 인간 친구들의 모습을 보았습니다. 엉망진창의 선택을 하고 불안한 마음 때문에 미신인 줄 알면서도 믿고 심지어 거짓말도 곧잘 하는 인간의 모습도 배웠습니다. 라후드 같은 외계인들의 관점에서 바라보니, 인간들을 정말 이해하기 힘든 동물이었지요?

어린이들에게 마음의 과학을

'인간 탐구 보고서'를 통해 여러분들은 '마음을 탐구하는 학문'인 뇌과학과 심리학을 조금씩 배우고 있습니다. 지난 150년간 신경과학자들과 심리학자들은 '인간 뇌가 어떻게 작동하여 마음이란 걸 만들어 내는지' 꽤 많은 걸 밝혀냈는데, 이 책은 여러분들이 이해할 수 있는 언어로 과학자들이 밝혀낸 '인간 마음에 대한 모든 것'을 들려 드리기 위해 썼습니다. 이 책을 통해 나는 누구이며, 우리는 어떤 존재인지, 인간 사회는 왜 이렇게 돌아가는지, 진짜 유익한 지식들을 배워 나가길 바랍니다.

초등학생이었던 저희 딸들도 뇌과학을 이해했으면 좋겠다는 마음으로 처음 '인간 탐구 보고서'를 쓰기 시작하였는데, 이 책은 이제 세상의 모든 아들과 딸들을 위해 '어린이와 청소년들을 위한 뇌과학' 책으로 성장하고 있습니다. 2010년 무렵부터 준비된 이 책이 2019년 처음 세상에 선보인 이래 벌써 10권이나 출간되었다니 마음이 벅차오릅니다. 바라건대, 이 책이 혼란스러운 어린 시절과 고민 많은 사춘기를 관통하게 될 모든 10대들에게 '나에 대한 친절한 가이드북'이 되었으면 합니다. 뇌과학과 심리학이 그들을 유익한 방황과 진지한 성찰로 인도해 주길 소망합니다.

인간의 일상을 낯설게 관찰하기

이 책의 가장 큰 매력은 외계인의 시선으로 인간을 탐구하고 있다

는 것입니다. 아우레 행성으로부터 지구로 찾아온 외계 생명체 아싸, 바바, 오로라, 라후드가 겪게 되는 좌충우돌 모험담이 무척이나 흥미롭지요. 우리 인간들을 물리치고 지구를 점령할지, 인간들과 공존하며 지구에서 함께 살지 알아보기 위해 인간을 탐구하며 보고서를 송신하는 그들은 우리와 어느새 닮아 가고 있습니다.

어린 독자들은 이 책을 펼치면서 외계인의 시선으로 인간을 바라보는 낯선 경험을 하게 됩니다. 아싸와 아우레 탐사대처럼 인간을 관찰한 후 '탐구 보고서'를 아우레 행성으로 보내는 과정에 함께 참여할 것입니다. 이 과정을 통해 어린이와 청소년들이 우리들의 평범하고 당연한 일상을 낯설게 바라보는 경험을 하게 되길 바랍니다. 마치 우리가 곤충을 관찰하고 기록 일기를 쓰듯이, 인간의 일상을 관찰하고 탐구 보고서를 쓰면서 우리를 돌아보길 희망합니다.

인간이라는 사랑스럽고 경이로운 생명체

저는 이 책을 읽으면서 어린 독자들이 우리 인간들을 비로소 '이해'하고 덕분에 더욱 '사랑'하게 되리라 확신합니다. 외계 생명체 라후드처럼 '인간은 정말 이해 못 할 이상한 동물'이라고 여겼다가, 우리들을 더욱 이해하게 될 것입니다. 아싸와 아우레 탐사대가 그렇듯, 우리 어린이들도 이 책과 함께 인간 존재의 신비로움을 깨닫게 될 것입니다. 그러면서 결국 외계 생명체 아우린들이 '인간이 얼마나 사랑할 만한 존재'인지 알아주었으면 합니다. 때론 감정적이고 비합리적이며 종종 충동적이고 가끔 폭력적이기까지 한 존재이지만, 인간 내면의 실체를 알게 되었을 때, 우리 호모 사피엔스가 얼마나 사랑스러운 존재인지 깨달았으면 좋겠습니다. 아우레 행성의 외계 생명체들이 제발 우리를 지배하려 하지 말고, 우리 인간들의 사랑스러운 매력에 빠져주길 바랍니다. 무엇보다도, 인간의 뇌는 이성과 감성이라는 두 말이 이끄는 쌍두마차로서, 우리가 사는 세상을 좀 더 근사한 곳으로 만들기 위해 끊임없이 애쓰는 경이로운 기관임을 아우린들과 어린 독자들이 알아주었으면 합니다.

인간의 숲으로 도전적인 탐험을!

인간이 어떤 존재인지 모두 알게 되는 그날까지, 라후드와 아우레 탐사대의 '인간 탐구 보고서'는 계속될 것입니다. 호모 사피엔스의 뇌가 가진 경이로운 능력, 사랑스러운 매력이 외계 생명체들에게 충분히 이해될 때까지 보고서는 결코 멈추지 않을 것입니다. 그 과정에서 우리 어린 독자들 또한 인간에 대한 이해가 더욱 깊어지겠지요? 외계

생명체 아우린들이 흥미롭게 써 내려간 '인간 탐구 보고서'에서 어린이들과 청소년들이 나를 발견하는 놀라운 경험을 하게 되길 진심으로 기대합니다. '인간 탐구 보고서'는 지구를 지배하기 위해 아우레 행성의 정복자들이 작성한 무시무시한 보고서가 아니라, 인간이라는 숲을 탐색하는 외계 탐험가의 애정 어린 편지이니까요.

자, 이제 다시 한번 외계인의 마음으로 인간 탐험을 흥미롭게 즐겨 주시길!

정재승 (KAIST 뇌인지과학과+융합인재학부 교수)

등장인물

지구의 음식 문명이 가장 좋은 외계 문명 탐험가. 오로라의 말을 따르느라, 천방지축 도됴리를 지켜보느라 할 일이 많다. 예상치 못한 도됴리의 행동에 또다시 곤경에 빠지고 만다.

라후드

귀환 우주선만 기다리는 아우레의 탐사대장. 아우레로 보낸 통신은 답도 없고, 함께 있는 두 외계인도 도움이 안 된다…고 생각했건만, 이제는 도됴리가 가장 필요한 존재가 되고 마는데…!

오로라

지구에 대해서는 아직 배워야 할 게 많은 사고뭉치 아로리인. 인싸 스타일 성격, 탐사대원 아싸의 외모를 가진 탓에 주변엔 지구인들투성이. 설상가상 도됴리의 마음에 쏙 든 지구 생명체의 등장에 말도 안 되는 고집까지 피우기 시작한다.

도됴리

하나

전교 1등이 되고 싶은 중학생.
공부에 방해되는 것들은 없어져 버렸으면
좋겠다는 마음뿐이다. 특히 경쟁자는 더!
하지만 하나의 마음을 살랑거리게 하는
인물이 등장하는데….

최고

다양한 지구 생명체를 키우는
초등학생 지구인.
위층에 새로 이사 온 가족이
자꾸 옥상에 올라오는 게 수상하다!

루이

유명 웹툰 작가를 꿈꾸는
편의점 아르바이트생. 그저 웹툰을
그렸을 뿐인데, 편의점에 검은 양복을
입은 사람들이 찾아오면서
일상이 송두리째 바뀌게 된다.

대호

공부보다 게임이, 책보다는 컵라면이
더 중요한 평범한 중학생.
하지만 새로 전학 간 학교에서
그 생각을 바꿀 놀라운 일이
기다리고 있다.

프롤로그

일등학원 자습실에서는

검은 양복과 보스의 만남

외계인들을 지켜보는
지구인의 과거

쿠르르의 항구에 여객선이 도착했다.

여객선에서 내리는 사람은 고작 두어 명이었는데, 배를 타고 섬을 떠나는 사람들은 우르르 많았다. 모두 쿠르르 예술 축제를 즐기고 돌아가는 사람들이었다. 외계인들도 그들 사이에 자연스럽게 끼어 쿠르르섬을 떠났다. 외계인들에게 관심을 보이는 사람은 아무도 없었다.

터무니없이 긍정적인 도됴리는 원래도 좋았던 기분이 더 좋아졌다. 배가 딱 재미있을 만큼 출렁거리는 것도 좋았고 바닷새가 딱 귀여울 만큼 가까이 나는 것도 좋았다. 눈치 없는 도됴리는 자신의 정체가 들통나는 바람에 아우린들까지 도망치듯 섬을 떠나고 있다는 사실은 벌써 잊어버린 것 같았다.

　"꺄~! 신난다. 구경 많이 해야지!"

　도됴리는 오로라가 깊이 씌운 후드를 홀렁 벗었다. 시원한 바닷바람에 도됴리의 긴 앞머리가 살랑거리다가 훅 넘어가 버렸다.

　"아니, 너는!"

　곁에 서 있던 지구인이 깜짝 놀라며 도됴리에게 다가왔다.

　"너 정말 잘생겼구나. 혹시 연예인이니?"

　여객실로 들어온 오로라는 주위를 두리번거리더니 문을 꽉 닫았다.

　"그러게 왜 하필 아싸의 모습으로 변신했나?"

　오로라는 버럭 화를 냈다. 도됴리의 어깨를 토닥이며 라후드가 말했다.

　"아니야, 잘했어. 지구에서는 엄마, 아빠, 어린이 조합이 가장 안전해."

"그럼 아싸2는 갑판에서 바다 구경하고 올게."

도됴리는 앞머리를 훌렁 걷어 올려 잘생긴 얼굴을 드러냈다. 그렇게 나가면 또 지구인의 주목을 끌 것이다.

"안 돼!"

오로라와 라후드는 양쪽에서 도됴리의 팔을 붙잡았다. 나가 놀겠다며 버둥거리는 도됴리에게 객실에서 편안하게 쉬라고 억지로 권했다.

외계인들이 객실에서 실랑이를 벌이는 동안 배는 드디어 육지에 도착했다. 외계인들도 객실에서 나갈 때가 되었다. 오로라는 도됴리의 앞머리를 헝클어 얼굴을 최대한 가렸다.

"꺄아~! 다 왔다! 이제 나간다."

　검은 양복은 깜빡깜빡 움직이는 불빛을 의심스러운 눈초리로 쳐다보았다. 심장이 쿵쾅쿵쾅 빠르게 뛰었다. 드디어 어릴 적 꿈을 이루게 되는 걸까?

　검은 양복의 어릴 적 꿈은 비밀 첩보원이었다.

　매끈한 검은 양복을 입고 전 세계를 누비며 범죄 정보를 캐내어 마피아를 소탕하고 테러를 막고 블랙 해커를 체포하고 마약 범죄자들을 뿌리 뽑는 멋진 첩보원!

　검은 양복은 첩보원이 되기 위해 어린 시절부터 노력했다. 옷이 정신에 영향을 준다는 믿음 때문에 초등학생 때부터 검은 양복을 입고 다녔다.

　친구들이 놀려도 가슴에는 만년필 녹음기를 꽂고, 선글라스를 쓰고, 첩보원이 갖추어야 할 것들을 스스로 익혔다.

검은 양복 어린이는 첩보원 수련을 하느라 정말이지 너무 바빴다. 그러다 보니 작은 문제가 발생했는데, 바로 학교 공부를 할 시간이 없다는 것이었다. 그래서 성적이 매우 좋지 않았다. 특히 수학이 엉망이었다. 구구단은 금방 뗐지만, 통분, 약분부터 헤매기 시작해서 수학 실력이 영 오르지 않았다. 엄마와 선생님은 걱정이 많았다.

"미래에는 머리가 좋아지는 약이 나오거나 모든 지식을 컴퓨터 칩에 넣어 뇌에 심을 수 있을 거야. 그러니까 공부하느라 애쓰지 않아도 된다고."

검은 양복 어린이는 공부를 좋아하는 과학자들이 개발할 기술을 믿고 공부는 하지 않았다.

10년 뒤 검은 양복은 첩보원의 자질을 거의 갖춘 어른이 되었다. 그러나 머리가 좋아지는 약과 뇌에 심는 컴퓨터 칩은 아직 사용할 수 없었다.

결국 검은 양복은 첩보원에게 꼭 필요한 자질을 갖추었지만, 뛰어난 지식과 높은 학력은 갖추지 못한 채 비밀 첩보원 시험을 보았다.

검은 양복은 몇 년 동안 몇 번이나 비밀 첩보원 시험에 도전했다. 하지만 모두 다 떨어졌다. 아무리 생각해도 왜 떨어졌는지 이해할 수 없었다.

그러다 문득, 공부 잘했던 친구들이 큰 회사에 들어가고, 병원을 개업하고, 교수님이 되었다며 자랑한 사실이 떠올랐다.

"역시 성적이 문제인가? 내가 공부를 못해서 첩보원이 못 된 건……가?"

실망하려던 찰나, 검은 양복은 자신보다 공부를 더 못했던 친구들이 새로운 사업을 시작하고, 유명한 사람이 되기도 했다는 사실을 떠올렸다.

"역시 운이 나빠서야. 난 정말, 항상, 너무 운이 너무 나쁘잖아."

결론을 내고 나니 배가 고팠다. 검은 양복은 가장 좋아하는 음식인 생선회가 먹고 싶었다. 그것도 막 잡아 팔딱팔딱한 활어 회. 하지만 비밀 첩보원 취업에 실패한 검은 양복에게는 활어 회를 사 먹을 돈이 없었다.

"내가 돈이 없지, 바다에 물고기가 없냐?"

검은 양복은 낚싯대를 메고 지하철과 버스를 세 번이나 갈아타고 가까운 섬으로 갔다. 섬이라지만 육지와 다리로 연결되어 있어 배를 탈 필요는 없는 곳이었다.

 검은 양복은 안전한 곳에 도착해서도 할머니의 손을 꼭 붙잡고 있었다. 그러자 할머니가 먼저 검은 양복의 손을 탁 뿌리쳤다.
 "당신의 친절한 행동은 충분히 사례하지요."
 할머니는 딱 봐도 비싸 보이는 가방을 열다 말고 검은 양복을 무섭게 노려보았다.
 "대신, 오늘 나를 만난 일은 비밀이에요."

할머니의 단호한 말투에 검은 양복은 저도 모르게 고개를 끄덕였다. 할머니는 두툼한 지갑을 꺼내 들고 다시 강조했다.

"특히, 내가 개들과 마주친 사실…… 그러니까, 내가 개들과 달린 사실은…… 아니, 개들이…….."

"개들에게 쫓긴 사실은 비밀로 해 달라는 말씀이시죠?"

할머니는 인상을 팍 찌푸렸다. 당장이라도 잡아먹을 듯한 눈빛으로 검은 양복을 쳐다보았다.

"쫓긴 게 아니라 약간의 오해가 있었을 뿐이에요."

"네, 뭐든 상관없어요. 사례도 필요 없고요. 오랜만에 어린 시절 내내 연마한 첩보원 기술을 써먹어 볼 수 있어서 즐거웠거든요. 비밀 유지도 첩보원의 필수 자질이니 완벽하게 임무를 수행하겠습니다, 할머니."

검은 양복은 꾸벅 인사를 하고 돌아섰다. 잠시라도 비밀 첩보원이 된 것 같아 기분이 유쾌했다.

"잠깐!"

할머니가 우렁찬 목소리로 검은 양복을 다시 불렀다.

"난 할머니가 아니라 보스요! 비밀스럽고 특별한 사업을 하고 있지. 당신을 내 비밀 첩보원으로 채용하겠소."

보스? 비밀 첩보원? 검은 양복은 빙그르르 돌아섰다. 눈빛만 보고도 악당을 알아볼 수 있는 초능력을 발휘할 때였다.

"네, 보스. 충성을 다하겠습니다."

검은 양복의 시원스러운 대답에 보스는 옅은 미소를 지었다.

"빵점이야. 첩보원이 아무나 믿으면 어떡해? 내가 마피아 두목이기라도 하면 어쩌려고?"

검은 양복은 보스보다 훨씬 큰 웃음을 지으며 말했다.

"제가 악당을 알아보는 초능력을 길렀거든요. 보스는 나쁜 사람이 아니에요."

그날부터 검은 양복은 지구에 있는지 없는지도 모를 외계인을 찾아다니는 황당한 임무를 수행했다. 하지만 그중 첩보원의 능력을 발휘할 만큼 수상하고 비밀스러운 임무는 없었다.

한 달 전까지는 말이다.

한 달 전 한밤중에 보스에게서 보안 메일이 날아왔다. 검은 양복이 메일을 받은 즉시 읽었다면 보스가 떠나기 전 만날 수 있었을 것이다. 하지만 검은 양복은 재미없는 영화를 보다가 잠들어서, 다음 날 아침에야 이 중요한 메일을 확인했다.

잠시 어디 좀 다녀온다. 목적지는 알 것 없다. 뺩치는 임무를 수행하도록.

보스의 메일은 읽으면 읽을수록 가슴이 두근거렸다.

"뺩치는 임무?"

그것은 검은 양복과 보스만 아는 암호였다. 극비리에 진행할 임무가 있다는 뜻이다. 검은 양복은 당장 유에프오 카페로 달려가 극비 보안 프로그램이 깔린 컴퓨터를 켰다.

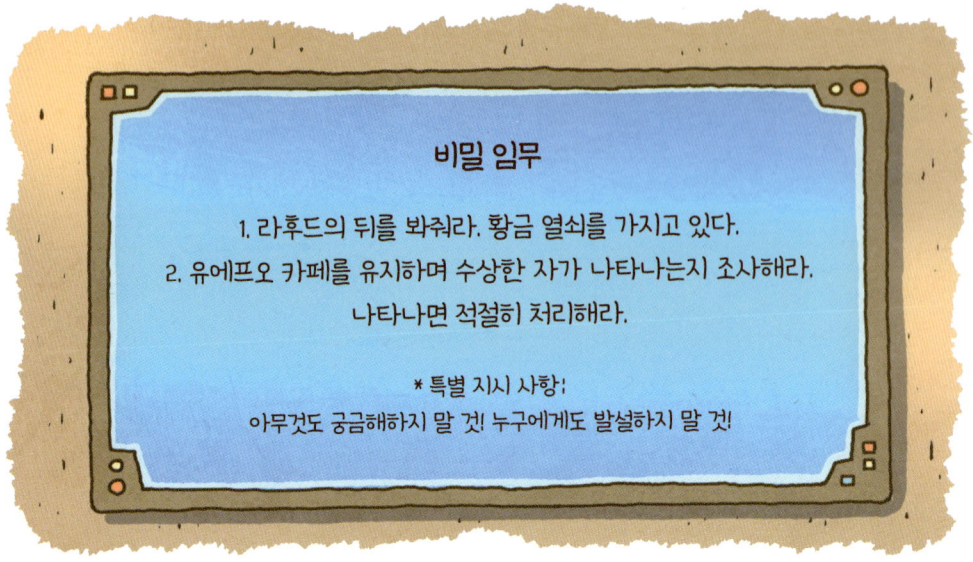

검은 양복은 그렇게 비밀 첩보원 뺨치는, 스릴 넘치는 임무를 맡았다. 라후드 몰래 황금 열쇠의 이동 경로를 확인하는 일부터 조마조마하고 아슬아슬하기 짝이 없었다.

'그냥 보스의 명령대로 라후드 씨의 뒤를 봐주는 거야. 명령대로 아무것도 궁금해하지 않을 거야.'

그런데 자꾸 마음이 설레고, 심장이 두근거렸다.

"침착해야지. 일단 라후드 씨가 어디로 갈지 예측해야 돼. 궁금해서가 아니라, 라후드 씨를 보호하기 위해서."

검은 양복은 황금 열쇠 목적지 예상 시스템을 가동했다. 모니터에는 라후드의 예상 목적지를 가리키는 빨간 점이 둥둥 떠다녔다. 라후드가 가고 있는 곳은 유에프오 카페에서 차로 한 시간 거리에 있는 보스 저택 1831호였다.

 "천국 같은 쿠르르섬을 떠났으면 다음 목적지는 근사한 파리나 화려한 뉴욕, 아니면 웅장한 히말라야산맥이 있는 네팔 같은 곳이어야 하는 거 아니야? 이상해! 수상해! 도대체 무슨 꿍꿍이지?"

 보스는 아무것도 궁금해하지 말라고 했지만, 사람이 어디 그런가? 특히나 비밀 첩보원을 꿈꿨던 검은 양복은 억누르면 억누를수록 솟아나는 호기심을 주체할 수 없었다.

 "라후드 씨의 뒤를 봐주러 가는 거예요. 혹시라도 위험에 처했는지도 모르니까. 궁금해서 가는 게 아니라니까요."

 검은 양복은 듣는 사람이 없는데도 중얼거리며 유에프오 카페를 나섰다.

2

루이는 공부가 하고 싶어

원할 때는 공부가 재미있는 지구인

　요즘 루이는 책에 푹 빠져 있다. 우주와 외계인에 관한 지식 책과 소설, 만화까지 본다. 원래도 외계인과 우주에 관심이 많아서 공상 과학 영화와 영상을 종종 보았지만, 외계인이 나오는 웹툰을 그리다 보니 그것만으로는 뭔가 부족했다. 과학적인 근거가 있는 외계인 세계를 상상하려면 더 많은 지식과 아이디어가 필요했다. 자료 조사를 목적으로 책을 읽기 시작했는데, 생각보다 더 재미있어 푹 빠져 버린 것이다.

루이는 웹툰의 배경을 찾기 위해 다른 은하, 다른 행성을 다른 우주에 관한 책을 보았고, 외계인 아이디어를 얻기 위해 공상 과학 소설을 읽었다. 처음에는 어려웠던 개념도 자꾸 보니 이해가 되었고, 새로운 호기심도 생겨나 그것을 해결하는 즐거움을 느꼈다. 게다가 그 과정에서 아이디어가 퐁퐁 샘솟았다. 공부를 하면 할수록 색다른 재미를 느꼈다.

　"이런 게 진짜 공부일까? 관심 분야를 깊이 탐구하는 공부 말이야. 이런 재미를 진작 알았으면 나도 어릴 때 공부를 많이 해서 박사가 되었을 텐데."

　이제라도 공부의 즐거움을 깨달아 다행이었다. 좋은 웹툰 작가가 되기 위해 앞으로 공부를 더 많이 해야 할 테니 말이다.

아이들은 일부러 요란한 소리를 내며 라면을 계산대 위에 올렸다. 컵라면 계산쯤은 눈 감고도 할 수 있는 루이는 여전히 책에서 눈을 떼지 않은 채 손만 움직여 바코드를 찍었다. 책 귀신에 홀리기라도 한 것처럼 정신이 책에 쏙 빠져 있었다.

대호가 부르자 루이는 그제야 고개를 들었다.

"어, 너희들이구나. 책에 정신이 팔려서 몰랐네……."

"아무리 그래도, 책 보느라 우리를 못 봤다는 게 말이 돼?"

책이라고는 교과서조차 제대로 보지 않는 대호와 생선파에게는 눈을 뗄 수 없을 정도로 재미있는 책은 존재하지 않았다.

"진짜야! 웹툰 자료 때문에 읽기 시작했는데 꽤 재밌어. 특히 여기가 흥미진진한 부분이라……."

루이는 읽던 곳을 마저 보려고 다시 책으로 눈을 돌렸다. 생선파는 루이가 장난친다고 생각했다. 갈치의 얼굴에는 묘한 미소가 떠올랐다.

"아아~, 만화책 보는구나? 재밌는 건 같이 봐야죠~."

갈치는 순식간에 루이의 책을 빼앗아 펼쳤다. 나머지 생선파들도 앞다투어 책에 머리를 디밀었다.

"형, 이렇게 두꺼운 책을 왜 봐요?"

갈치는 손에 닿으면 큰일이라도 나는 듯 진저리 치며 책을 내려놓았다.

"너희는 아직 멀었다~. 독서는 말이야, 창의력의 근원이야! 새로운 공부를 하면 좋은 아이디어랑 스토리도 떠오른다고. 얼마나 좋은데. 너희도 놀지만 말고 책도 읽고 공부도 좀 해."

"아, 알았어, 알았어. 난 책 표지만 봐도 머리가 아파서. 책은 형이나 실컷 봐."

대호는 컵라면을 들고 나가며 중얼거렸다.

"저희는 책보다 라면이 더 급해서요."

다른 생선파들도 책은 읽기 싫다고 고개를 절레절레 저으며 대호의 뒤를 따랐다.

"나도 너희만 할 때 책 안 봤어. 그래서 후회하고 있어. 어릴 때 책 좀 많이 읽었으면 어땠을까 하고 말이야. 너희도 나중에 후회하지 말고 공부 좀 해."

생선파는 이미 나가고 없는데 루이는 중얼중얼 잔소리를 한참 늘어놓았다.

"잔소리해 봐야 내 입만 아프지. 쟤들도 크면 내 마음을 이해하려나. 어휴, 나나 열심히 하자."

루이는 다시 책을 펼쳤다. 갈치 때문에 책장이 넘어가 버려서 어디까지 읽었는지 찾아야 했다.

"여기였던 것 같은데……."

책을 이어서 읽으려고 막 고개를 숙인 순간, 누군가가 책을 다시 쏙 빼 갔다.

루이는 생선파가 또 장난을 치는 줄 알고 버럭 소리쳤다.

"이 녀석들! 그만해!"

 겁먹었던 루이는 그제야 안심했다. 드디어 자신에게도 기회가 왔다는 생각이 들었기 때문이다.

 "아아, 혹시 디지털 웹툰지 기자세요? '갑자기 인터뷰' 오셨구나! 그거 엄청 유명한 작가들만 하던데……, 신인도 해요? 아니면 제가 유명 작가?"

 루이는 옷매무새를 가다듬고 머리를 빗기 시작했다.

 "미리 연락하고 오시지. 자, 이제 인터뷰해도 돼요."

47

"꿈이라니, 핑계가 빈약한데요. 진짜 외계인을 만난 거 아닙니까?"

검은 양복을 입은 남자가 루이의 상상을 방해하며 말했다.

"외계인이 당신의 기억을 조작한 거 아닙니까?"

그 말에 루이는 잠깐 혼란스러워졌다. 그런가? 진짜 외계인을 만났는데 기억을 못 하는 건가? 하지만 외계인을 만났다는 것을 기억 못 하는 게 말이 되나?

"에이, 진짜 외계인을 만났으면 제가 그걸 기억 못 하겠어요? 사진도 찍고, 사인도 받고, 남스타그램에도 올렸겠죠."

"그런가……?"

양복 입은 남자가 뜸을 들이자 루이가 자신 있게 말했다.

"당연하죠!"

"사실대로 말하세요. 외계인을 보았습니까? 외계인을 숨겨 준 대가로 뭘 받았습니까? 아니면…… 혹시 당신이 외계인?"

남자의 말에 루이는 짜증이 났다.

"외계인이요? 제가요? 아니거든요. 저는 순수 100퍼센트 인간이에요. 외계인은 본 적도 없고요. 외계인은커녕 지구인한테도 뭘 공짜로 받은 적이 없다고요! 한 번도……."

당당하게 말하던 루이가 말을 멈췄다. 기억 하나가 떠올랐기 때문이다.

지금 눈앞에 있는 이들과 비슷하게, 검게 차려입은 검은 양복이 루이를 찾아온 적이 있었다. 두툼한 봉투를 내밀며 보스의 일을 아무에게도 말하지 말라고 했었다.

그런 보스가 지금은 없다. 너무나 갑자기 사라져서 외계인에게 납치되었다는 소문이 파다했다.

"무슨 일이 있긴 했군요. 뭡니까?"

남자는 루이가 멈칫하는 순간을 놓치지 않고 다그쳤다.

"에이, 아무 일도 없었어요. 진짜로 외계인을 만났으면 얼마나 좋았겠어요! 웹툰이 절로 그려졌을 테니까요! 하지만 저 같은 평범한 사람에게 그런 일은 일어나지 않아요."

"정말입니까?"

"아유, 그럼요."

　남자들의 모습이 시야에서 사라지자 루이는 다리가 풀려서 털썩 주저앉았다.

　띠링. 또 문 여는 소리가 났다.

　"루이 씨, 방금 나간 사람들 누구예요?"

　다행히 이번엔 보스의 부하인 검은 양복이었다. 비밀 임무를 수행하기 위해 종일 동네를 살피다, 루이가 비밀 요원과 만나는 장면을 목격한 것이다.

　"루이 씨, 저들이 무슨 말을 했죠? 사실대로 말해요."

　'사실대로'라는 말에 루이는 그만 온몸에 소름이 쫙 끼쳤다.

　'그래도 자신의 몸을 던져 아이를 구한 보스 쪽이 더 믿을 만할 거야.'

루이가 우주국 비밀 요원의 말을 전하는 동안 검은 양복은 아무 말 없이 듣기만 했다. 진짜 비밀 첩보원처럼 심각하게 고개를 끄덕였지만, 사실 뭐가 어떻게 되어 가는지 잘 몰랐다.

보스가 수수께끼 같은 임무를 남긴 채 어디로 사라졌는지, 왜 사라졌는지, 현재 어디에 있는지, 언제 돌아올지 아무것도 몰랐다. 라후드 씨의 뒤는 왜 봐주라고 하는지, 수상한 일에 어떻게 대처해야 하는지 혼란스러웠다.

그래도 검은 양복은 보스가 내린 임무를 충실히 수행하기로 했다. 우주국 비밀 요원들이 무언가를 캐고 다니는 걸 보면 그들이 '수상한 자'임이 틀림없고, 수상한 자들이 노리는 루이는 적절하게…….

검은 양복은 루이에게 하얀 봉투를 내밀었다. 루이는 소스라치게 놀라 뒤로 물러섰다.

"또 봉투예요? 왜요? 저 사람들에게 보스에 대해 아무 말도 하지 말라는 뜻인가요? 이게 바로 수상한 대가잖아요! 수상한 대가를 받으면 그들이 또 올 거예요. 싫어요. 무서워요."

루이는 수상한 대가 때문에 위기에 처했는데 또 수상한 대가를 받을 수는 없었다.

"걱정하지 마세요. 수상한 봉투 아닙니다. 돈봉투도 아니에요. 그들을 또 만나고 싶지 않으면 여길 떠나라고요."

보고서 72
공부가 재미있을 수 있을까?

작성자: 라후드

★ 지구는 바다가 많은 행성임. 그래서 사람들이 사는 육지들 사이사이에 바닷물이 채워져 육지들이 멀리 떨어져 있는 경우가 많음. 바다를 건너면 지구인들을 만나지 않을 줄 알았지만, 물을 잘 이용하고 심지어 즐기기까지 하는 지구인들에게 넓은 바다는 아무런 방해가 되지 않았음.

★ 물을 건너기 위해서는 배를 이용해야 함. 쿠르르섬을 나올 때 우리가 탄 배는 지구인들이 매우 많은 커다란 여객선. 덕분에 섬에 있을 때보다 더 많은 지구인들과 훨씬 더 가깝게 있어야 했음. 문제는 지구인들에게 정체를 숨기지 못하는 도됴리. 아싸의 외모를 한 도됴리는 계속 지구인들의 관심을 받았고, 예쁜 것들을 보면 사진 찍기 좋아하는 지구인들을 피하기 위해 여객선의 가장 안쪽으로 숨어야 했음.

도됴리는 지구의 우주국 요원들이 얼마나 무서운지 아직 모르는 것 같음. 함께 있는 동안 지구 전문가인 나 라후드가 도됴리에게 지구 생활 수칙을 알려 주어야겠음.

★ 우리의 세 번째 임시 본부는 첫 번째 임시 본부와 가까움. 지구인들은 일상적이지 않은 곳에서 더 많이 흥분하고 더 많은 사진을 찍기 때문에, 오히려 일상적인 곳이 안전할 것이라는 판단. 그리고 그냥 루이와 써니, 즙즙과 가까운 곳에 있고 싶음.

결핍을 느끼면 공부하는 지구인

- 지구인들은 무언가 부족하다고 '결핍'을 느꼈을 때 그것을 채우려고 함. 공부가 그 대표적인 사례로, 지구인들은 자기가 관심 있거나 잘해야 하는 일에 지식과 능력이 부족하다고 느끼면 스스로 공부해서 필요한 것들을 보충하려는 욕망이 생김.

- 그중에서도 지구인이 가장 불타는 순간은 시간이 부족할 때임. 시험이 코앞에 닥치거나 해야 할 일의 마감이 다가왔을 때 지구인은 엄청난 집중력을 발휘해 평소보다 많은 일을 해냄. 이런 현상을 '마감 효과'라고 부르는데, 이때 지구인의 뇌는 여러 일들에 쏟던 신경을 가장 급하게 해결해야 할 결핍 요소에 몰아줌.

- 지구인의 뇌는 시간이 부족하다고 느낄 때 스트레스 호르몬인 '코르티솔'을 분비하기도 함. 코르티솔의 기능은 다양하지만 그중 하나가 뇌에서 인지와 감정을 담당하는 '전전두엽'을 자극하는 것임. 그러면 뇌의 여러 연결 고리가 활성화되고 전체적인 뇌의 기능과 집중력이 높아짐. 다시 말해, 결핍은 잠자고 있던 지구인의 능력을 깨우는 동기가 될 수 있음.

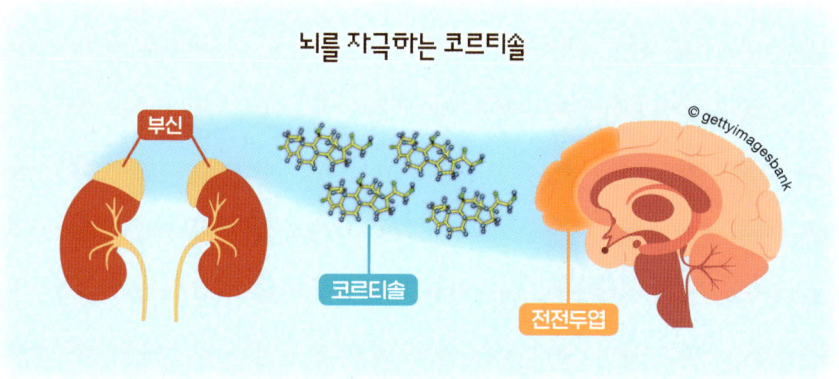

- 결국 결핍은 지구인들에게 무언가를 해야겠다는 원동력을 만들어 준다고 볼 수 있음. 미국의 심리학자 제이미 커츠는 학교의 마지막 학기를 앞둔 대학생들을 두 집단으로 나누어 한 집단에는 시간이 6개월 '밖에' 남지 않았다고  말하고, 다른 집단에는 6개월 '이나' 남았다고 말한 후, 두 집단의 모습을 관찰함. 그 결과 6개월밖에 남지 않았다는 말을 들은 학생들이 마지막 학기 동안 학교 활동에 더 적극적으로 참여했음. 시간의 결핍이 학생들에게 더 열심히 생활하려는 원동력이 된 것.

- 하지만 지금의 어린 지구인들은 결핍을 느낄 겨를이 없어 보임. 외국어가 신기하다고 느끼기 전에 부모들이 외국어 공부를 시키고, 수학에 호기심을 느끼기 전에 학원에 감. 즉 공부가 부족하다고 스스로 생각하는 결핍의 순간이 만들어지지 않음.

- 그렇다면 지구인들이 좋아하는 게임은 어떨까? 지구인들은 컴퓨터, 스마트폰 등 다양한 방법으로 게임을 하는 것을 즐김. 특히 어린 지구인들의 게임 사랑은 대단함. 어른 지구인들이 못 하게 해서 어린 지구인들이 게임을 더 하고 싶어 한다는 주장도 있음. 만약 게임을 학교 수업 시간에 가르치고, 시험도 치게 하면 어린 지구인들이 게임을 싫어하게 될지도 모름.

- 하지만 결핍이 모든 일에 좋은 영향을 미치는 것은 아님. 지구인은 아우린과 달리 집중력을 여러 갈래로 분산시키기 힘들어서, 결핍된 한 가지 일에 계속 신경을 쓰다 보면 다른 일들은 성취도가 떨어지게 됨. 특히 어린 시절 결핍을 너무 많이 경험한 지구인들은 충동 억제 능력이 부족해지는 성향이 나타나기도 함. 지구인의 머릿속은 여전히 이해하기 어려움.

3

아우린의
새로운 임시 본부

공부를 안 할 때만
말똥말똥한 지구인들

외계인들은 어디서 많이 본 듯한 건물들이 줄지어 서 있는 특색 없는 동네에 도착했다.

지구에는 쿠르르섬의 보스 저택 말고도 황금 열쇠로 갈 수 있는 보스의 부동산이 18,786개나 더 있었다. 아우레 탐사대가 원하기만 하면 패션의 도시 파리 한가운데 호텔이나 가장 화려한 뉴욕 거리의 아파트, 피오르 해안가의 저택, 사막 한복판에 세워진 지구에서 가장 높은 건물의 한 층을 통째로 임시 본부로 쓸 수도 있었다.

하지만 아우레 탐사대가 고른 새로운 임시 본부는 매우 평범하고 별 특징 없는 멋없는 동네의, 가장 평범하고 별 특징 없는 멋없는 건물이었다.

탐사대장 오로라는 지구인들이 좋아할 만한 멋진 임시 본부를 찾지 않았다. 오로라의 조건은 오직 하나였다.
　"축제가 없는 곳, 지구인들이 한꺼번에 몰리지 않을 곳을 찾는다."
　라후드는 오로라의 조건에 맞는 장소 가운데 첫 번째 임시 본부와 가까운 건물로 새 임시 본부를 정했다. 빨리 적응하기 위해서라고 핑계를 댔지만, 사실은 마음이 자꾸 첫 번째 임시 본부와 가까운 곳으로 기울었다.
　하지만 새 임시 본부 앞에 도착한 도됴리는 실망을 감추지 못했다.

지구인보다 더 외모 타령하는 외계인은 처음이다.

건물이 못생겼다.

건물들을 보면 지구인들의 기하학적 상상력은 턱없이 부족하다.

도됴리는 쿠르르섬의 알록달록한 자연과 창의력 넘치는 예술가들이 모였던 예술 축제가 벌써 그리웠다.

"새 임시 본부, 재미없을 것 같다."

"응, 재미없을 것 같아."

도됴리의 말에 라후드가 맞장구쳤다.

"그러면 떠나라."

오로라가 기다렸다는 듯이 말했다. 도됴리는 팩 토라져서 휙 돌아섰다.

"흥, 알았어! 호리호리 행성에 지구 탐험을 자랑하려고 했는데, 나도 여긴 별로라고."

순간 오로라가 놀라서 물었다.

"호리호리 행성과 통신이 가능한가?"

　웜홀 통신 기기를 확보했다고 생각한 오로라는 가벼운 마음으로 새 임시 본부 수색에 나섰다.

　오로라가 임시 본부를 살펴보는 동안 라후드는 도됴리를 감시, 아니, 정성껏 지켰다. 이제 도됴리는 외계인의 정체를 언제 탄로 나게 할지 모르는 위험인물이 아니라 아우레 행성과 통신을 가능하게 할 필수 인력이었다. 절대로 놓쳐서는 안 될 중요 인물이었다.

오로라는 건물 1층의 빈 가게부터 수색했다. 뽀얀 먼지뿐, 위험한 지구인은 없었다. 다음은 옆에 있는 무인 아이스크림 할인점. '무인'이라면 지구인이 지키고 있지 않다는 뜻이니 안심이 되었지만, 사방에 달린 CCTV는 주의해야 한다. 불완전한 지구인의 시각은 속이기 쉬워도 녹화 기능이 있는 카메라는 위협적이다. 오로라는 지구인 슈트의 매무새를 가다듬고 미끄러지듯 아이스크림 할인점으로 들어갔다.

"이제 와?"

먼저 가게에 들어온 도됴리가 아이스크림을 덥석 집어 포장지를 뜯었다. 깜짝 놀란 라후드는 CCTV의 눈치를 살폈다.

"둘 다 그만! 우선 1층은 통과다. 돈만 잘 내면 안전하다."

오로라는 서둘러 아이스크림 세 개 값을 계산하고 가게를 빠져나왔다.

외계인들은 가게 앞에서 아이스크림을 먹으며 건물로 들어가는 지구인들을 구경했다. 초등학생과 중학생들이 삼삼오오 임시 본부 건물로 들어갔다. 라후드는 그 학생들이 자꾸 신경 쓰였다.

이 평범한 동네의 평범한 건물에 사람들이, 그것도 학생들이 모이는 이유는 학원 때문이었다. 학원은 써니네 동네에서부터 오로라가 가장 이해할 수 없는 지구 시스템 가운데 하나였다. 지구인들은 평균 약 80년을 사는데, 그중 약 16년 동안 학교에 다닌다.

학교가 끝나면 비슷한 지식을 학원에서 또 공부한다. 그 지식은 이미 책이나 인터넷에서 얼마든지 찾아볼 수 있는 정보였다. 지구인들은 인생에 필요하지 않을지도 모르는 지식을 뇌에 저장하느라 바빴다.

그 과정이 지구인들의 삶의 목적인 '행복'과 '즐거움'을 준다면 또 모를까, 오로라가 만났던 학생들은 하나같이 '공부가 어렵고 힘들다', '지겹고 하기 싫다'고 호소했다.

지식이 필요하면 몸에 지식 저장 장치를 이식하면 될 텐데, 지구인의 과학 기술은 아직 그 정도 수준에 미치지 못했다. 어릴 때부터, 저렇게 오랜 시간 공부하는데도 말이다.

오로라는 학원에 모인 지구인들이 외계인의 정체를 위협할 가능성이 있는지 수색하기로 했다. 수색에 나서기 전에 오로라는 도됴리에게 아이스크림 하나를 더 사 주며 말했다.

"2층엔 지구인이 많다. 안전한 수색을 위해 도됴리, 따라오지 마라."

오로라는 도됴리의 대답을 듣지도 않고 얼른 2층으로 올라갔다. 2층은 긴 복도에 작은 교실들이 줄줄이 있었다. 교실마다 열 명 내외의 아이들이 앉아 있었다.

학생들은 크게 위험해 보이지 않았다. 초점이 흐리고 지친 눈의 지구인은 위협적이지 않다. 실수로 외계인의 정체를 들킨다고 해도 꿈으로 기억 조작을 하면 된다.

'2층도 통과.'

오로라는 라후드에게 아우린 텔레파시를 보냈다. 그런데 갑자기 교실의 아이들이 오로라 쪽을 보더니 소리를 질렀다.

아이들은 "귀신이야!"라고 외치며 졸음이 가득했던 눈을 번쩍 떴다. 수업 시간 내내 조용하고 고요했던 학원이 순식간에 "으악!", "꺄악!" 하는 비명으로 소란스러워졌다.

오로라는 놀라서 계단으로 헐레벌떡 도망가며 생각했다.

'내내 졸던 애들이 갑자기 저렇게 생기가 돌다니. 역시 지구인들은 이해하기 어렵다.'

졸음과 사투 중인 지구인

작성자: 오로라

★ 지구에 상주하는 외계인의 존재를 들키는 것은 모든 외계인에게 위험한 일. 이 위험을 피하기 위해 도됴리를 새로운 임시 본부까지 데리고 왔지만, 도됴리의 눈에 띄는 성격은 이번 본부에서도 탐사대를 위험에 빠뜨릴 것이 분명해 보였음.

★ 하지만 도됴리가 떠나도록 놔두지는 못함. 이유는 도됴리가 가지고 있는 웜홀 안테나! 이런 게 있는데도 아직까지 호리호리 행성에 소식을 전하지 않고 있다니, 도됴리는 확실히 지구인만큼 이상한 외계인임. 어쨌든 이제 도됴리의 웜홀 안테나를 이용해 아우레와 통신할 수 있기 때문에, 일단 이 임시 본부에 머물기로 함.

★ 라후드는 이번엔 지구의 아이스크림에 빠져듦. 도됴리도 마찬가지였음. 라후드는 지구 어디에서나 지구인의 음식에 빠져드는 놀라운 능력이 있음. 아무래도 라후드에게 지구는 제2의 고향이 된 것 같음.

★ 새로운 임시 본부의 2층은 지구의 청소년들이 다니는 학원임. 지구의 청소년. 생각만 해도 긴장되는 이름임. 하지만 이곳에 오는 청소년들은 대부분 눈을 게슴츠레 뜨고 있음. 외계인이 바로 옆을 지나가도 모를 수 있음.

지구인들이 수업 시간에 졸린 이유

- 지구인들은 밤에 잠을 푹 자도 수업을 들을 때면 꾸벅꾸벅 조는 경우가 많음. 이는 주변에 이산화 탄소가 너무 많기 때문일 수도 있음. 지구인들은 숨을 쉴 때 산소를 들이마시고 이산화 탄소를 내뱉는데, 교실같이 사방이 막힌 공간에서는 이산화 탄소 농도가 상승할 수밖에 없음(※지구인들은 항상 이런 곳에서 공부함!).

- 미국 캘리포니아 대학교 윌리엄 피스크 박사와 뉴욕 시러큐스 대학교 우샤 사티시 박사가 실내 이산화 탄소 농도를 점점 높이며 지구인들의 반응을 관찰해 보았음. 이산화 탄소 농도가 1,000ppm이 되자 지구인들은 졸려 했고, 수치가 2,500ppm에 다다랐을 때는 집중력과 판단력이 현저히 떨어졌음. 눈꺼풀이 내려와 있는 시간도 길어짐. 지구 생활 필수품으로 이산화 탄소 발생기를 추천함. 외계인임을 들켰을 때 졸린 상태로 만들어 꿈으로 위장할 수 있을 것임.

- 공부하는 지구인들이 졸린 이유는 그전에 밥을 너무 많이 먹어서일 수도 있음. 쌀이나 빵 같은 탄수화물은 지구인의 몸에 들어가면 '포도당'이라는, 지구인 몸과 뇌에 중요한 에너지원인 물질로 변함. 포도당이 많아지면 췌장에서는 포도당 흡수를 위해 '인슐린'을 분비하는데, 이 인슐린이 지구인의 각성 상태를 유지하는 호르몬인 '오렉신'을 감소시켜 졸음과 피로를 느끼게 만드는 것.

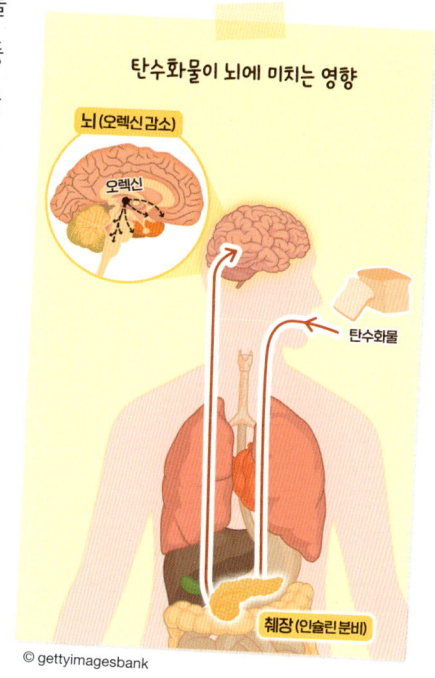

- 말하자면, 지구인들의 졸림 현상을 해결하려면 신선한 공기를 제공하거나 탄수화물을 적정량만 섭취하도록 제한해야 함. 물론 그것보다 더 효과적인 방법이 있음. 바로 수업 마무리를 알리는 종소리! 지구인들의 행동 패턴은 역시 비과학적임.

지구인들의 잠이 부족해 보이는 이유

- 학교에서 많은 시간을 보내는 청소년의 경우, 특히 오전 시간에 비몽사몽인 경우가 많음. 이럴 때 어른 지구인들은 "밤에 잠 안 자고 뭐 하다가 학교에서 조느냐?" 같은 말을 하기도 하는데, 이것은 지구인 청소년들의 신체 리듬을 제대로 읽지 못했기 때문일 수도 있음.

- 미국의 신경 과학자 매슈 워커의 연구에 따르면, 청소년기 지구인들은 수면 호르몬인 '멜라토닌'이 어른보다 2시간 정도 늦게 분비된다고 함. 즉, 청소년들의 생체 시계가 어른보다 늦기 때문에, 저녁에는 말똥말똥하고 아침에는 졸린 것임.

- 하지만 관찰 결과 지구인 청소년들이 유독 졸음에 약한 결정적 이유는 공부를 하느라 평소 너무 적게 자기 때문. 초등학생 지구인은 9~11시간(중학생은 8~10시간, 고등학생은 7~9시간)은 자야 정상적인 성장과 일상생활을 할 수 있는데, 실제 한국 초등학생 지구인들의 수면 시간은 고작 8.7시간밖에 되지 않음(중학생은 7.1시간, 고등학생은 5.8시간). 공부 때문에 잠을 못 자서 공부해야 하는 시간에 집중을 못한다니, 지구인은 자주 어리석은 선택을 함.

잠을 깨기 위한 좋은 방법은?

졸릴 때 잠에서 깨기 위해 할 수 있는 행동들은 많다. 허벅지 꼬집기, 찬물로 세수하기, 껌 씹기, 간식 먹기 등. 특히 효과적인 방법은 짧은 낮잠을 자는 것인데, 15분~20분 정도 자는 낮잠은 스트레스를 덜어 주고 머리를 맑게 해 준다. 또한 졸릴 때 10초~15초 정도 눈을 위로 치켜뜨면 눈 망막 아래 위치한, 각성 상태에 관여하는 '멜라노핀' 세포가 빛에 활성화된다. 멜라노핀이 활발해지면 혈관 수축, 심박수 증가 등 몸을 각성시키는 '노르에피네프린'이라는 신경 전달 물질이 뇌 전체에 분비되어 졸음을 쫓을 수 있다.

4

또 다른 방해꾼 등장!

공부하는 지구인은
특별 대우를 받는다

아우레 행성의 탐사선들은 모두 파타냐 행성으로 떠났다. 아우레 시민들의 이주 행성 1호인 파타냐를 심층 조사하기 위해서였다. 파타냐 심층 조사단의 단장은 아우레 최고의 과학자 아싸였다. 아싸는 파타냐로 떠나기 전 행성 지도부의 로바두톰에게 단단히 일렀다.

"지구에서 오는 전파를 반드시 확인하시오. 아우레 탐사대의 신호요."

로바두톰은 아우레 시간으로 하루 한 번 웜홀 전파 깔때기를 펼쳐서 전파를 확인했다. 전파 깔때기에는 수많은 행성에서 보낸 인공 전파들이 잡혔다. 하지만 지구에 있는 탐사대의 전파는 없었다.

며칠 뒤 로바두톰마저 파타냐 행성 파견 업무를 맡게 되었다. 로바두톰은 아싸의 당부를 생각했지만, 이내 뛰어난 이성으로 상황 판단을 마쳤다.

"파견 임무는 아우레 시민들의 이주에 결정적인 영향을 끼칠 중요한 임무다. 웜홀 전파 깔때기를 펼쳐서 전파를 확인하는 임무와는 비교도 할 수 없다."

로바두톰은 전파 깔때기를 내팽개치고 파타냐로 떠났다. 마지막으로 수집된 전파는 분석도 되지 않은 채 방치되었다.

탐사대가 쿠르르섬에서 보낸 전파는 아싸에게도, 로바두톰에게도, 행성 지도부에게도 전달되지 않았다.

하지만 지구의 아우린들은 그 사실을 전혀 알지 못했다.

새 임시 본부로 옮긴 라후드는 TV 뉴스와 위튜브, 남스타그램 등을 부지런히 뒤졌다. 하지만 쿠르르섬에 외계인이 나타났다는 소식은 없었다.

"박물관에서 도됴리의 정체를 들킨 줄 알았는데, 아닌가 봐."

오로라는 아직 안심할 때가 아니라고 생각했다. 새 임시 본부의 식탁에는 라후드가 좋아하는 탕탕면과 바바가 지구에서 유일하게 즐겨 먹던 곰돌이 젤리가 쌓여 있었다. 마치 아우린을 아는 자가 지켜보고 있는 것처럼. 게다가, 탐사대가 임시 본부를 옮긴 줄 모르고 아우레에서 귀환 우주선을 쿠르르섬으로 보내면 어쩌지? 우주선의 정체를 들키기라도 하면……?

오로라는 아우레에 서둘러 새 임시 본부의 위치를 알리기로 했다. 웜홀 안테나를 입수한 지금, 이 일은 아주 단순한 임무였다. 함께 있는 이들이 방해만 하지 않는다면 말이다.

"통신기 설치가 더 바쁜 일이다. 도됴리, 무슨 에너지가 필요한가? 태양열? 전기? 원자력? 음식? 아니면 젤리의 당 성분?"

도됴리가 고개를 저으며 자리에서 벌떡 일어났다.

지구인들을 만나고 온다며 발랄하게 뛰어나간 도됴리는 어째서인지 지구인들하고 놀고 들어올 때마다 점점 기분이 나빠져 있었다. 안테나가 충전되기는커녕 방전만 되어 돌아왔다.

도됴리가 실망한 표정으로 소리쳤다.

"내 얼굴, 지구에서 인기 많은 거 맞아? 지구인들이 날 싫어한다. 도됴리 기분 짱 나빠!"

라후드가 물었다.

"어떤 지구인을 만났는데?"

"지구인 아기, 지구인 중학생……."

도됴리의 말이 끝나기도 전에 오로라와 라후드는 안 봐도 뻔하다는 표정을 지으며 말했다.

"지구인들이 분비물을 묻혔지? 마구 소리도 지르고."

"아니, 지구인들이 말이야……."

도됴리가 신이 나서 소리치자 라후드가 의아해하며 물었다.

"충전은? 기분 짱 좋아야 충전된다면서."

"나 방금 기분 짱 좋아졌거든. 충전 100퍼센트야! 우리 같이 놀자~!"

도됴리는 말릴 틈도 없이 옥상으로 올라갔다. 오로라와 라후드도 신나게 뛰쳐나가는 도됴리를 따라 옥상 계단을 올랐다.

옥상은 이미 초등학생으로 보이는 지구인과 그가 키우는 온갖 지구 생명체들에게 점령당해 있었다.

"여기 올라오면 안 되는데. 외부인 출입 금지예요."

하지만 이곳은 보스의 건물. 보스 건물의 사용 권한은 황금 열쇠 소유자가 우선이다. 오로라는 황금 열쇠를 꺼내 보이며 당당하게 말했다.

"옥상은 우리가 쓴다."

하지만 지구에서의 일이 그렇게 쉬울 리 없었다.

지구인은 엄마를 부르며 옥상에서 뛰쳐나갔다.

옥상에 함께 올라온 아이의 엄마는 2층에서 일등학원을 운영하며 3층에 거주하는 일 원장이었다. 아이는 일 원장의 막내아들 최고로, 옥탑방에서는 곤충과 파충류를 키우고, 옥상에서는 벌레잡이 식물과 토끼, 닭을 키우는 게 취미였다.

"4층에 이사 오신 분들? 건물주 대리인에게 말씀 들었습니다. 옥상까지 쓰신다고요?"

일 원장이 오로라를 쳐다보며 딱딱하게 말했다. 오로라는 일 원장보다 더 냉정한 눈빛으로 단호하게 받아쳤다.

"네, 저희는 그럴 권리가 있습니다. 어린이라고 양보해 줄 생각은 없습니다."

일 원장은 한숨을 푹 쉬더니 이내 천천히 고개를 끄덕였다.

"듣던 중 반가운 소리네요."

최고는 예상과 다른 전개에 당황하여 엄마의 팔에 매달리며 외쳤다.

"엄마, 안 돼요! 안 된다고요! 싫어~!"

"저분들이 옥상을 쓴다는데, 엄마도 어쩔 수 없잖아."

일 원장은 최고의 머리를 쓰다듬으며 위로하는 목소리로 말했지만, 속 시원하다는 표정은 숨길 수 없었다. 최고는 울상이 되어 이번에는 오로라에게 매달렸다.

최고는 아우린의 정체를 의심했지만, 다행히 외계인이라고 의심하지는 않았다. 라후드는 어린 지구인을 울리고 싶지도, 살아 있는 지구의 생명체를 제거하고 싶지도 않았다.

"옥상은 넓다. 나눠 쓰면 된다."

"싫다. 그…… 안전을 위해 우리만 쓴다."

오로라는 오직 아우린의 안전만을 염두에 두었다. 이런 소란 중에도 도됴리는 어느새 닭장 앞으로 달려가 있었다.

옥상 동물들을 그대로 두길 바라는 최고와 반대하는 오로라의 실랑이가 이어지고 있을 때, 도됴리가 갑자기 오로라를 향해 몸을 홱 돌리며 말했다.

"옥상 같이 쓰자. 이 생명체 마음에 든단 말이야."

오로라는 지구인들이 마음껏 옥상에 올라오는, 안전하지 않은 상황을 그냥 둘 수 없었다.

"절대 안 된다. 옥상은 우리 거다."

계속되는 반대에 100퍼센트 충전되었던 도됴리 안테나의 에너지가 조금씩 줄어들기 시작했다.

유일하게 웜홀 통신이 가능한 도됴리의 의견은 지금 무엇보다도 중요했다. 결국 오로라는 인간과 옥상을 공유하기로 했다. 그래도 아우린의 안전을 위한 최소한의 조치는 취했다.

"조건이 있다. 너는 너의 동물들만 봐라. 우리 건 보지 마라."

지구인과 외계인의 협상이 평화롭게 끝나 가던 그 순간, 또다시 옥상 문이 벌컥 열렸다.

하나는 느닷없이 나타나 무례하게 소리쳤다. 그런데도 일 원장은 하나에게 쩔쩔맸다.

"딸, 공부 중이었어? 미안해. 엄마가 조용히 시킬게, 응?"

일 원장이 닭장을 두드리자 겁먹은 닭들이 조용해졌다.

"2층에는 학원도 있고 우리 딸도 공부해야 하니까, 늘 조용히 해 주세요. 계단은 까치발로 다니고요. 부탁해요."

지구인들은 종종 공부를 너무 중요하게 생각해서 공부하는 동안 특별 대우 받는 것을 당연하게 여긴다. 오로라는 미용실에서도 그런 모습을 자주 봤지만, 도됴리는 이해하지 못했다.

"공부를 왜 하는데?"

보고서 74
지구인들이 공부하는 이유

작성자: 오로라

★ 도됴리의 에너지는 매우 특이함. 아우레에서는 볼 수 없는 종류임. 기분이 좋을 때 나오는 에너지라니, 이런 걸로 안테나를 작동시킬 수 있다는 도됴리의 말을 믿을 수는 없으나 우리에게 웜홀 안테나는 매우 소중하기 때문에, 일단 도됴리의 말대로 웜홀 안테나를 시험해 보기로 함.

★ 지구인들이 집 안에서 다른 생명체를 기른다는 건 이미 잘 알고 있음. 주로 개와 고양이임. 그러나 이번 임시 본부의 3층에 사는 남자아이는 다양한 종류의 생명체와 함께 살고 있음. 그중 가장 특이한 생명체는 닭. 남자아이의 엄마와 이 동물들을 처리하는 것에 합의했으나, 도됴리가 닭이라는 생명체에 빠져들어 실패. 도됴리는 지구에 빠져들기 위해 온 외계인 같음.

★ 지구인 청소년들이 만만치 않다는 것을 증명하는 사건이 발생함. 지구인 중학생 하나는 이 건물에서 일어나는 모든 일을 자기 멋대로 하려고 함. 논리적이지 않은 이유로. 하지만 하나의 논리적이지 않은 이유를 엄마인 일 원장은 모두 받아들임. 이유는 하나가 공부를 잘하는 중학생이기 때문. 하나의 태도도 일 원장의 태도도 모두 이해할 수 없음.

지구인들을 똑똑하게 만드는 공부

- 수업을 듣는 지구인의 뇌는 매우 활발하게 활동하며 긍정적인 효과를 가져옴. 공부를 통해 새로운 정보를 받아들이고, 이 정보들을 기존 기억들과 연결하며 지능이 향상됨. 또 행복감을 주는 호르몬인 '도파민'과 '세로토닌'이 분비되어 의욕이 상승하기도 함. 하지만 수업 시간에 조는 지구인의 뇌에서는 이런 효과가 나타나지 않음.

- 지구인들은 학교에서 다양한 과목을 공부하는데, 모든 과목을 어려워하지만 특히 수학을 어려워하는 지구인들이 많음. 오죽하면 '수학을 포기한 사람'이라는 뜻의 '수포자'라는 말이 생겨났을 정도.

- 그런데 지구인들이 그렇게 어려워하는 수학이 두뇌 발달에는 중요한 역할을 함. 영국에서는 16세 이후로는 학교에서 수학 공부가 필수가 아닌데, 한 연구팀이 연구해 본 결과, 수학 공부를 계속한 학생들이 추론, 문제 해결, 기억력 등 인지 능력에 영향을 주는 신경 전달 물질인 '감마 아미노뷰티르산' 양이 훨씬 더 많은 것으로 밝혀짐.

- 외국어 공부도 지구인들의 두뇌 발달에 영향을 줌. 외국어를 습득하면 지구인의 뇌에서 학습 기능과 사고력을 담당하는 '회백질'의 밀도가 높아짐. 회백질 밀도가 높아지면 새로운 정보들을 더 효율적으로 처리할 수 있게 됨. 게다가 두 가지 언어를 사용하는 지구인은 문법, 말하기 능력 등 언어 표현의 모든 단계에서 뇌의 네트워크가 한 가지 언어를 쓰는 지구인들과는 다른 구조로 형성됨.

신체 활동과 뇌 발달의 상관관계

- 지구인의 학습 능력 향상에는 신체 움직임도 중요한 역할을 함. 뇌의 신경 세포는 뇌 자체의 자극뿐 아니라 신체에서 생성되는 정보 물질인 '신경펩타이드'와 신체 전반의 세포에서 분비되는 '펩타이드' 호르몬에도 반응하기 때문. 이 두 물질은 지구인의 감정뿐만 아니라 학습과 문제 해결 능력을 통제하기도 함.

- 신체를 움직이면 뇌에 더 많은 에너지와 산소가 공급돼 집중력과 기억력 향상으로 이어짐. 규칙적인 신체 활동은 기억을 담당하는 해마에 더 많은 신경 세포를 자라게 해 기억력 강화에도 도움이 됨.

- 미국에서 비만 아동 171명을 운동하지 않은 집단, 20분간 운동한 집단, 40분간 운동한 집단으로 나눈 뒤 학습 성취도를 평가함. 그 결과 운동을 많이 한 집단일수록 성취도가 크게 향상되었음. 또한 학생들이 힘들어하는 수업 시간 전에 체육 시간을 배치했더니 학생들의 성적이 향상되었다는 연구 결과도 있음.

- 지구인들에게 신체 활동은 일상생활에도 중요함. 영국 에든버러 대학교, 스트래스클라이드 대학교, 브리스톨 대학교, 미국 조지아 대학교 연구팀이 11세부터 13세까지의 지구인들을 분석한 결과, 규칙적인 신체 활동은 청소년 지구인들을 정서적으로 안정시켜 학교생활도 더 잘하며 문제 행동도 덜 일으키게 해 줌.

5

2등 귀신의 저주?

지구인은
1등을 너무 좋아해

정말 소름 끼치는 만화책이었다. 이런 책을 보라고 하나 책상에 올려 둘 사람은 그 녀석뿐이었다.

"최고, 너! 이 책 네가 가져다 놨지?"

"아니거든!"

최고는 시치미를 뚝 뗐지만, 하나는 믿지 않았다. 최고가 하나에게 붙인 별명이 바로 2등 귀신이었으니까.

하나는 초등학교 내내 1등이었다. 초등학교 단원 평가에서 늘 100점을 맞고 일등학원에서도 항상 톱 반이었다. 하지만 중학생이 되고 나서는 학교 시험에서 한 번도 1등을 해 본 적이 없었다. 시험 때마다 교과서를 달달 외우고, 전 과목을 학원에서 복습하고, 밤늦게까지 공부했지만 1등은 못 했다.

지난번 성적표를 받은 날, 하나는 분하고 억울한 마음에 막 울음을 터뜨렸다.

"내가 얼마나 열심히 공부했는데! 왜 내가 1등이 아니야? 왜 나는 맨날 2등만 하냐고? 엉엉."

그런 하나에게 평생 2등만 하다가 한이 맺힌 귀신 만화는 표지만 봐도 꺼림칙했다. 하지만 『2등 귀신』책은 하나를 끈질기게 따라다녔다.

"어휴, 다 방해꾼들뿐이야. 동생이나 같은 반 애들이나 학원 애들이나 선생님들이나, 다. 내가 이렇게 힘들게 공부하는데 도와주기는커녕……. 에잇, 다 망해라!"

하나는 투덜거리며 요점 공책을 찾았다. 요점 공책은 하나가 시험에 나올 중요한 내용만 정리하는 공책인데, 요즘엔 공부하다 짜증 날 때마다 끄적거린 내용이 점점 많아졌다.

"내 공책 어디 갔지?"

가방을 뒤지던 하나의 손길이 바빠졌다. 요점 공책이 감쪽같이 사라진 것이다.

하나는 제 방 책상과 서랍을 발칵 뒤집었다. 보조 가방도 탈탈 털어 보았지만, 요점 공책은 찾을 수 없었다. 학원 자습실로 뛰어가 늘 앉는 자리도 샅샅이 살폈지만 소용없었다.

다음 날, 하나는 일찍 학교에 갔다. 책상 속을 살피고, 사물함을 뒤지고, 교실의 분실물 바구니까지 엎어 보았다.

"없어."

머리가 날카로운 것에 맞은 것처럼 쨍하니 아팠다. 등교 시간이 다 되어 아이들이 우르르 교실로 들어왔다. 하나는 애써 침착하게 자리에 앉았다.

1교시 한문 시간에 하나는 멍하니 겨우 눈만 뜨고 있었다. 한문 시간은 지루해서 원래도 집중을 잘 못하는데, 잃어버린 공책 때문에 더 집중이 안 됐다. 몸은 교실에 앉아 있지만, 머릿속은 요점 공책을 찾아 온 학교를 헤매고 있었다.

교실에는 눈을 뜨고 있는 학생들이 반도 되지 않았다. 학생들은 쉬는 시간과 급식 시간에는 멀쩡하게 놀다가도 수업만 시작되면 병든 닭처럼 맥을 못 췄다.

"얘들아, 모두 일어나서 창문 열고 교실 문도 좀 열자. 신선한 공기도 쐬고 몸도 움직이면 잠이 깰 거야."

아이들은 귀찮아하면서도 몸을 일으켜 창문을 열었다. 시원한 바람이 들어오니 잠이 좀 깼다. 하나도 정신이 번쩍 들었다.

"맞다! 동아리실!"

점심시간이 되자 하나는 급식실 대신 동아리실을 찾았다.

하나는 조심스럽게 동아리실 문을 열었다. 선생님도 점심을 먹으러 가셨는지, 아무도 없었다. 하나가 공책을 떨어뜨렸다면 선생님이 어디에 두셨을까?

선생님 책상……?

하나네 반 수학을 가르치는 동아리 담당 선생님은 정리를 썩 잘하는 성격은 아니었다. 책상 위에는 수학 문제집이랑 인쇄물이 수북이 쌓여 있었다.

"설마 이 밑에 깔려 있나?"

하나는 문제집 하나를 슬쩍 들췄다. 바로 그때 동아리실 문이 열렸다.

"너 설마……."

두 학생은 선생님 책상을 쓱 훑어보고는, 의미심장한 미소를 지으며 키득거렸다.

"수학 시험지 같은 거 훔치러 왔냐?"

"진짜? 같이 보자. 내가 망봐 줄게."

하나는 두 학생을 노려보았다.

결국 하나는 공책을 찾지 못한 채 집으로 돌아왔다. 곧 시험 기간인데 요점 공책도 사라지고, 마음도 불안하고…….

하나는 책상에 엎드려 엉엉 울다가 잠이 들었다.

"미안해. 미안해."

하나는 울먹거리다가 눈을 번쩍 떴다. 다행히 꿈이었다. 하지만 하나는 여전히 불안하고 초조했다. 친구들에게 들킬까 봐, 시험을 망칠까 봐 마음이 너무 무거웠다. 숨이 막힐 것만 같았다.

하나는 옥상으로 달려갔다. 그런데 너무 서두르는 바람에 마지막 계단에서 그만 발을 헛딛고 말았다.

외계인들은 다음 날 오전 옥상으로 올라갔다. 최고가 학교에 있는 시간에 웜홀 안테나를 이용하기 위해서였다. 오로라는 이동 통신기를 옥상에 설치하고 안테나를 찾았다.

"도됴리, 안테나 뽑아 줘."

"잠깐 기다려. 지구인 슈트 좀 벗고……."

도됴리가 지구인 슈트를 막 벗으려는 순간 계단을 올라오는 발소리가 들렸다. 오로라는 번개처럼 달려가 도됴리를 가렸다. 라후드는 누군지도 모르는 사람을 일단 덮치고 보았다.

"끄악! 살려 주세요!"

"앗, 죄송해요. 제가 실수로……."

라후드는 일부러 넘어뜨린 사람을 다시 일으켜 주었다.

"어? 라후드 씨?"

"루이 씨!"

보고서 75
공부를 잘하는 지구인은 뭐가 다를까?

작성자: 라후드

★ 보고서14에서 말한 것처럼, 지구인들은 보이지 않는 것을 매우 두려워함. 이곳 임시 본부에 도착한 날 2층 학원의 청소년들이 오로라를 보고 놀란 것도 오로라를 귀신이라고 착각했기 때문. 덕분에 아이들의 눈이 잠시 초롱초롱해지긴 했음.

★ 오늘 지구인 하나는 책을 보고도 매우 두려워했음. 제목에 '귀신'이라는 단어가 들어가서인 줄 알았는데, 알고 보니 2등이라는 단어 때문이었음. 지구의 2등이란 1등의 다음. 매우 높은 순위이고 아이들이나 학부모들이나 매우 좋아할 만한 숫자임. 하지만 하나는 2등을 귀신만큼이나 무서워했음. 3등을 하면 안 무서울까?

★ 편의점 알바생 루이를 이곳에서 다시 만나다니, 탐사대가 아우레로 돌아간 이후 가장 기쁜 사건임. 새 임시 본부를 첫 임시 본부와 가까운 곳으로 선택한 보람이 있음. 루이가 아싸의 성격이 달라졌다는 것을 눈치챈 듯하여 긴장했지만, 지구에서는 이런 상황에 대한 완벽한 대답이 있음. "사춘기라서 그래."

★ 바바가 건강하게 돌아갔다는 소식을 전해 주었더니 루이도 눈물을 글썽이며 기뻐하는 것 같았음. 매우 뿌듯함. 하지만 갑작스러운 루이와의 만남으로 오늘도 엄홀 통신은 실패.

똑똑한 지구인의 뇌는 특별하다?

- 지구인들은 천재로 불리는 과학자 알베르트 아인슈타인의 뇌를 해부해 보았음. 아인슈타인의 뇌는 뉴런 하나당 '교세포'의 수가 다른 지구인들보다 많았다고 함. 교세포는 뉴런과 함께 신경계를 구성하며 뉴런에 영양을 공급해 주는 세포로, 교세포가 많으면 뉴런이 활발하게 새로운 정보를 받아들이고 처리할 수 있음. 그리고 뇌가 자극을 받을수록 교세포는 점점 더 많아짐. 즉, 아인슈타인은 평생 뇌를 활발하게 썼기 때문에 점점 더 똑똑해졌다고 할 수 있음.

- 지구인들은 자신이 얼마나 똑똑한지 확인하고 싶어서 IQ 테스트라는 것을 만듦. IQ 테스트는 합리적 추론, 추상적 사고, 학습 능력 등의 지능을 숫자로 나타내 주는 시험임. 지구인의 뇌는 생각보다 복잡해서 IQ 테스트로 지능을 완벽히 검사할 순 없지만, IQ가 높은 지구인들에게 나타나는 공통적인 특징이 있긴 함.

- IQ 테스트에서 높은 점수를 받은 지구인들의 뇌는 정보를 받아들이고 판단하는 데 중요한 역할을 하는 '앞 뇌섬엽'과 다른 영역의 연결이 활발함. 그러나 빈둥거리고 딴짓할 때 작동되는 '상전두회'와 '측두–두정 연접부' 부분은 다른 영역과의 연결이 약함. IQ가 높은 지구인들의 뇌는 정보를 받아들이는 데 집중하고, 방해가 되는 요소는 차단하는 능력이 뛰어나다는 의미.

공부를 잘하기 위한 지구인들의 눈물겨운 노력

- 공부를 너무나도 중요하게 생각하는 지구인들은 공부를 잘하는 방법을 찾는 데 총력을 기울임. 공부를 잘할 수 있는 공간, 공부를 잘하게 해 주는 활동, 공부를 잘하게 해 주는 음식 등에 관한 연구를 함.

- 특히 공부를 잘할 수 있는 공간에 대한 연구가 많음. 연구 결과에 따르면, 천장이 높은 장소일수록 창의력이 높아지고 천장이 낮은 곳일수록 집중력이 높아진다고 함. 또한 햇빛이 잘 드는 공간, 한쪽이라도 벽면이 있는 자리는 지구인들에게 안정감을 줘 공부하는 데 도움이 된다고 함.

- 지구인들에게 수학 공부와 음악 관련 활동은 밀접한 연관이 있음. 유치원생부터 대학생까지, 전 세계 7만 8천여 명의 지구인을 대상으로 한 연구를 종합한 결과, 음악 듣기, 노래 부르기, 악기 연주 등 음악 관련 활동을 수학 수업과 결합하는 경우 지구인들의 수학 성적이 높아졌다고 함.

- 지구인들은 공부에 도움이 되는 음식에도 관심이 많음. 미국 하버드 대학교 우마 나이두 교수가 추천하는 '머리가 좋아지는 음식' 목록을 참고 바람.

머리가 좋아지는 음식

공부를 잘해도 불안한 지구인들

열심히 공부해서 좋은 성적을 받고도 불안해하는 사람들이 있다. 좋은 성적을 거둔 게 노력이 아니라 운이나 다른 요인으로 발생했다고 생각하기 때문이다. 이런 사람들은 간혹 자신의 성공을 두고 남을 속였다는 생각에 죄책감까지 느끼기도 하는데, 이러한 심리적 현상을 '임포스터(사기꾼) 신드롬' 또는 '가면 증후군'이라고 부른다. 주변의 기대에 미치지 못할 경우 자신이 받을 충격에 대비하려는 심리에서 비롯된 감정으로, 수면 장애나 탈진 등 질병을 불러일으킬 수도 있는 현상이다. 지구인들은 평소에 자기 자신을 믿고 자신감을 갖는 연습을 할 필요가 있다.

6
하나가 시험을 망친 이유

시험 기간엔
신경 쓰이는 게 너무 많아

시험이 코앞인데 하나네 반은 어수선했다. 제자리에 앉아 공부하는 친구들보다 사물함 주변에 모여 떠드는 사람이 더 많았다. 사물함 정리가 시작된 것이다.

사물함 정리는 보통 시험 기간 전에 시작된다. 시험 걱정으로 불안한 아이들이 잠시라도 시험 생각을 잊으려고 다른 일에 빠지곤 하는데, 그 대표적인 일이 바로 사물함 정리였다.

아이들은 몇 달 동안 아무렇게나 쑤셔 박아 둔 책과 인쇄물, 체육복, 공책, 초코바, 빵 봉지, 지우개 조각 등을 꺼내 쓰레기는 버리고 차곡차곡 정리한다. 그러다 보면 잃어버린 줄도 몰랐던 물건들이 주인을 찾아갔다.

하나도 사물함을 뒤지는 친구들 사이에 끼었다. 하나는 사물함이 엉망이든 말든 관심 없었다. 잃어버린 요점 공책이 튀어나올까 봐 조마조마할 뿐이었다. 혹시라도 문제의 그 공책이 발견되어서 누가 열어 보기라도 하면……. 생각만으로도 정말 끔찍했다. 누가 보기 전에 얼른 가져와야 했다.

"이거 주인 있어?"

사물함 앞에서 누가 소리칠 때마다 하나는 마음이 뜨끔해서 허둥거렸다.

영재는 평소에도 쉬는 시간이나 이동 중에 틈틈이 공부했다. 등하교 시간에는 이어폰으로 영어 단어를 들으며 외우고, 수업 시작 전에는 그날 배울 내용을 후루룩 훑어보고, 수업이 끝나면 방금 배운 내용을 정리했다. 10분은 생각보다 길어서 방해하는 친구만 없으면 간단히 복습을 끝낼 수 있었다.

하지만 늘 그렇듯 오늘도 방해하는 친구가 있었다. 영재를 본받아 공부하겠다며 일부러 옆에 와서 앉은 시우였다.

"영재야, 너는 어떻게 쉬는 시간에도 그렇게 공부를 하냐? 난 내일이 시험이어도 공식적으로 쉬라는 시간에는 집중이 안 되던데~."

시우는 시험공부 계획만 벌써 세 번째 세웠다. 하지만 모두 작심 30분으로 끝나서, 공부는 안 하고 계획만 세우는 자신이 막 싫어지는 참이었다.

하나는 공책을 찾지 못해 정신이 없는데, 반에서 유일하게 하나보다 등수가 위인 영재는 차분하게 공부 중이었다. 하나는 영재가 얄미웠다. 오늘 밤 축구 경기를 본다고 거짓말까지 하는 걸 보니 더 심술이 났다.

'영재가 저렇게 잘난 척만 안 했어도 영재 이름 같은 건 공책에 안 썼을 텐데!'

영재 탓이 아닌 줄 알면서도 하나는 괜히 영재를 원망했다.

지금이었다. 경쟁자들이 노는 시간. 이 시간이야말로 공부하기 제일 좋은 시간이다. 게다가 하나는 축구를 좋아하지도 않았다.

하나는 책상 앞에 앉아 공부 계획표를 펼쳤다.

"내일은 역사, 영어, 국어니까…… 계획을……."

하지만 막상 공부 계획표를 보자 어디서부터 무엇을 시작해야 좋을지 고민되었다.

"아, 스티커 몇 개만 붙일까?"

하나는 서랍에서 스티커를 잔뜩 꺼냈다. 몇 개만 붙인다던 스티커는 한 개, 두 개, 세 개씩 늘어나더니 어느새 하나는 서랍에 있는 모든 스티커를 꺼내 정리 중이었다. 그런데도 딱히 계획표에 붙인 스티커가 마음에 들지 않아 고민되었다.

하나는 시간 가는 줄 모르고 스티커를 고르다가 한참 뒤에야 시계를 봤다.

"앗, 벌써 시간이 이렇게 됐어? 어휴, 공부 계획을 다시 짜야 하잖아."

하나는 자신이 쓴 계획을 30분씩 늦춰서 다시 썼다.

아직 시간은 충분하다! 이제 정말 마음을 다잡고 공부를 시작할 때였다. 하나는 역사 문제집을 펼쳤다.

하나는 문제를 읽으면서 한 손에는 연필을 잡고 한 손으로는 자신의 볼을 만지작거렸다. 며칠 전부터 거슬리던 여드름이 잡혔다.

하나는 핸드폰으로 축구 경기 중계를 찾아봤다. 원래 축구에는 관심이 전혀 없었지만, 우리나라 경기니까 골 넣는 장면 정도는 보고 싶었다.

"와~, 멋진 골이네."

축구를 잘 모르는 하나가 봐도 훌륭한 플레이였다. 그런데 그 훌륭한 플레이는 계속 이어졌다.

"아, 아깝다. 조금만 더 옆으로 찼으면······."

하나는 어느새 멈추지 못하고 축구 경기를 보고 있었다. 축구 경기는 지루하다고 싫어할 땐 언제고, 하필이면 시험 전날 축구의 매력에 푹 빠져 버렸다.

시험 전날 보는 축구 중계는 유난히 재미있었다. 그렇게 축구 경기에 집중하던 하나가 놀라서 다시 시계를 봤을 때, 생각보다 시간이 많이 흘러 있었다.

결국 하나는 열 시가 다 되어서야 공부를 시작했다. 축구 중계를 본 시간만큼 더 늦게까지 더 집중해서 공부해야지 다짐하면서…….

하지만 아무리 눈을 부릅떠도 영혼은 자꾸 꿈나라로 날아갔다. 하나는 공부를 하는 것도, 잠을 자는 것도 아닌 상태로 새벽 한 시를 넘기고 말았다.

하나는 아침도 굶고 평소보다 일찍 학교에 도착했다. 교실에는 보통 때보다 아이들이 많았다. 다들 초조한 표정으로 시험 범위 내용을 뚫어져라 보고 있었다.

하나도 책과 프린트를 꺼내 급하게 외웠다. 잃어버린 요점 공책이 정말 그리운 순간이었다. 시험에 나온다는 것들을 요점 공책에 다 따로 정리해 두었기 때문이다.

"하나, 공부 많이 했니?"

언제 오셨는지 담임 선생님이 하나 책상 앞에 서 있었다. 조회 시간 전에는 교실에 잘 안 오시는데, 무슨 일이지?

"네? 아……, 많이는 못 했어요."

"그래? 이게 없어서 그랬나?"

담임 선생님의 손에는 공책이 들려 있었다. 바로 하나가 잃어버린 요점 공책이었다! 하나는 저도 모르게 자리에서 벌떡 일어났다.

"동아리 담당 선생님이 가져다주셨어. 동아리실에 떨어뜨렸나 보던데, 네 것 맞지?"

하나는 빼앗듯 급하게 공책을 건네받았다. 당장 맨 뒷장을 펼쳐 보고 싶었지만, 선생님이 앞에 있어 그럴 수 없었다. 하나는 아랫입술을 질근질근 깨물었다.

"네, 제 거 맞아요."

"그래, 시험 잘 보고. 하나는 공부 열심히 하니까."

선생님은 별다른 말 없이 돌아섰다. 하나는 선생님이 교실 밖으로 나가자마자 휘리릭 공책 뒷장을 펼쳤다.

없었다.

하나가 공부 방해꾼들의 이름을 적었던 페이지가 깨끗이 뜯겨 있었다.

'선생님이 봤나 봐. 어떡해!'

하나는 그날 시험을 어떻게 쳤는지 기억나지 않았다. 시험에 집중하려고 애를 썼지만, 자꾸 요점 공책 생각이 나서 문제를 풀 수가 없었다.

시험이 끝난 뒤 하나는 선생님을 찾아갔다. 선생님은 하나를 기다렸던 것 같았다.

"하나, 왔구나."

선생님은 서랍에서 초콜릿과 사탕, 쿠키를 한 주먹 꺼내 하나에게 쥐여 주었다.

"나 혼자 아껴 먹던 건데, 시험 보느라 고생했으니까 특별히 하나한테만 주는 거야."

하나의 눈에서 눈물이 왈칵 쏟아졌다. 공책에 선생님 이름도 적었는데……. 입시에 도움도 안 되는 수행 평가 내 준다고, 수업 시간에 시험에 안 나오는 내용 이야기한다고, 점수 도둑이라고 썼는데.

"죄송해요."

"그래, 나도 마음의 상처를 입어서 여기가 한참 아팠다."

선생님이 가슴을 툭툭 치며 웃었다.

하나는 어깨를 들썩이며 엉엉 울면서도 선생님들이 다른 이유로 오해할까 봐 걱정했다.

"하나 네가 공부를 잘하고 싶어서 스트레스가 많은 거 알아. 더 잘하는 친구들, 떠들며 방해하는 친구들이 좀 미울 수도 있지. 하지만 이렇게 저주하는 글을 적으면 안 돼. 알지?"

"네……."

"이 일을 친구들에게 말하지는 않을 거야. 그러니까 네가 직접 사과할 기회는 없어. 대신 반성의 의미로 봉사 활동을 하나 하자. 시험 기간 끝나고 우리 반에 전학생 친구가 오는데, 일주일 동안 네가 그 친구 가이드가 되어 줘. 잘 배려해 줄 수 있지? 자, 이 종이는 네가 찢어 버려."

하나는 고개를 끄덕였다.

상황에 따라 다르게 가는 지구인의 시간

작성자: 오로라

★ 지구인들의 지적 능력이 떨어지는 이유를 찾았음. 지구인들은 마음에 남은 일이 있을 때 정작 중요한 일에 집중하지 못하는 모습을 자주 보임. 지구인 우등생인 하나의 경우만 봐도 쉽게 알 수 있음. 하나는 어제부터 잃어버린 공책 때문에 전혀 공부에 집중하지 못하고 있음.

★ 특히 시험 기간에는 지구인의 집중력을 흩트릴 일들이 더 많이 발생함. 오늘 하나가 집중하지 못한 이유는 매일 보는 얼굴에서 갑자기 문제를 발견하거나, 매일 쓰는 다이어리에서 허전함을 발견하거나, 오늘따라 중요한 스포츠 경기가 열렸기 때문. 하나는 좋아하지도 않는 스포츠 경기의 하이라이트를 눈이 시뻘게질 때까지 몇 번이나 돌려 보았음.

★ 일 원장네 학원이 평소보다 매우 조용함. 시험이 곧 끝나서, 오늘 하루만큼은 학원에 오는 학생들이 적기 때문이라고 함. 그래서 그런지 하나도 표정이 매우 편안해 보였음. 그렇다면 오늘은 옥상에 올라와 아우린들을 방해하지 않을 것이라 생각됨. 오늘은 꼭 아우레와의 통신에 성공할 수 있기를 바람.

지구인은 시험 기간만 되면 딴짓을 한다

- 지구인들은 시험 기간만 되면 공부가 아닌 다른 일들을 하기 바쁨. SNS나 웹툰을 보는 것은 말할 것도 없고, 평소에 지루해하던 뉴스도 갑자기 재미있어함. 미뤄 뒀던 책상 정리를 하면서 시간을 보내는 지구인들도 있음.

- 시험 기간만 되면 이렇게 딴짓을 하는 이유는 주변에서 말리는 일을 하면 두 배로 재미있기 때문임! 이를 '로미오와 줄리엣 효과'라고 부름. 「로미오와 줄리엣」은 부모님이 반대하는 금지된 사랑에 더 빠져드는 남녀의 이야기를 다룬 셰익스피어의 연극임. 이와 같은 원리로 시험 기간에 놀지 말라고 하면 할수록 지구인들은 노는 걸 더 즐거워하고 더 놀고 싶어 하는 것임.

- 이처럼 하지 말라고 하면 더 하려고 하는 지구인들의 심리로 인해 자꾸 딴짓을 하게 되고, 여기에 시간이 부족할 때 집중력이 평소보다 높아지는 '마감 효과'까지 더하면 딴짓의 재미가 배가 된다고 함. (※마감 효과에 관한 자세한 내용은 보고서72를 참고!)

상황에 따라 시간을 다르게 느끼는 지구인

- 지구인은 상황에 따라 시간의 흐름을 다르게 느낌. 그래서 시험 기간에 '잠시만' 놀려던 지구인이 '오랜 시간' 딴짓을 하게 되는 것. 즐거움을 느끼거나 몰입을 할 때 지구인의 뇌에서는 도파민이 분비되는데, 도파민이 많이 분비될수록 뇌의 정보 처리 속도가 빨라짐. 이렇게 뇌가 평소보다 많은 자극을 받아들이고 처리할 때 생체 시계의 기능이 약해짐. 그러나 진짜 시간은 그대로 흐르니 지구인들은 시간이 빨리 갔다고 느끼는 것.

- 지구인이 놀 때 시간이 빠르게 갔다고 느끼는 것은 시간에 주의를 기울이지 않기 때문이기도 함. 재미있는 일에 몰입하면 집중력이 높아져 시간의 흐름을 느끼지 못해 시간이 순식간에 흐른 것처럼 느끼는 것. 지구인들이 많이 쓰는 '시간 순삭(시간이 순식간에 삭제됨)'이라는 말이 실제로 지구인의 뇌에서 벌어지고 있음.

- 반대로, 지구인은 위험에 처했을 때 실제보다 시간이 느리게 간다고 느끼기도 함. 지구인이 시간을 달리 인지한다는 내용은 보고서31에서도 이미 다룬 바 있음. 미국 신경 과학자 데이비드 이글먼은 낙하하는 놀이 기구에 실험자들을 태운 뒤 낙하하는 데 걸린 시간을 추정해 보도록 했는데, 실험자들이 응답한 시간은 실제 시간보다 더 길었음. 낙하라는 위험한 상황에서는 위기를 돌파할 방법을 찾느라 뇌가 각성하고, 외부의 자극과 여러 가지 생각들이 더 선명하게 인식되어 시간이 원래보다 더 느리게 흘렀다고 느낀 것.

- 지구인은 나이가 들면 시간이 빨리 간다는 말을 종종 함. 이는 어른 지구인들이 그냥 하는 말은 아님. 실제로 지구인은 나이가 들면 도파민 분비가 줄어 뇌가 자극받는 일이 적어짐. 새로운 경험이 적어지면서 기억하는 사건도 줄어들게 됨. 또한 노화는 뇌 자체에도 영향을 줘 뇌에서 인지하는 이미지의 양도 줄어듦. 나이가 들면 눈으로 들어오는 정보를 느리게 받아들이면서 머리에 각인되는 이미지도 줄어드는 것. 이러한 이유로 시간이 빨리 흐른 것처럼 느끼게 됨.

7

새로운 전학생

시험이 끝났다.

하나는 이번 시험을 망칠 줄 알고 있었다. 그래도 이 정도로 망할 줄은 몰랐다. 2등 귀신은커녕 10등 귀신도 못 될 판이었다.

"어떡해."

하나는 울적한 마음으로 책상 위에 엎드렸다. 담임 선생님이 들어오신 것 같았지만, 고개를 들 힘조차 없었다.

"대호는 저기 하나 옆에 앉아라. 궁금한 거 있으면 하나한테 물어보고. 일주일 동안 우리 학교 가이드를 해 줄 거야. 그렇지, 하나야?"

선생님의 말씀에 하나는 마지못해 고개를 들었다. 그러자 공부보다는 운동을 더 좋아하게 생긴 남자애가 하나를 쳐다보고 있었다.

큰 키, 느리면서도 끝을 살짝 끄는 말투……. 옥상 계단에서 만났던 그 애와 비슷했다. 아니, 하나는 그 애라고 확신했다. 저도 모르게 머리를 양쪽 귀 뒤로 쓸어 넘기며 살포시 미소를 지었다.

그날 하나는 급식실뿐만 아니라 집에도 대호와 같이 갔다. 알고 보니 며칠 전에 하나네 옆집으로 이사 온 가족이 바로 대호와 대호의 형이었다.

"그때 옥상 계단에서 나 잡아 준 사람, 너…… 맞지?"

"응? 아, 으응. 거기 계단이 좀 가팔라서 위험하더라. 조심해서 다녀~."

쿵! 하나의 마음이 심하게 설렜다. 시험 성적 말고 다른 것으로 설레긴 오랜만이었다.

"너 학원은 어디 다녀?"

전 학교에서 태도도 바르고 공부도 잘했다는 말이 떠올라 하나가 물었다.

"안 다녀."

대호는 시큰둥하게 대답했다.

대호는 이사도 전학도 싫었다. 아무리 좋은 동네, 좋은 학교여도 생선파 친구들이 없는 곳은 황량한 화성이나 마찬가지였다.

그런데 막상 화성에 떨어져 보니 친구들의 눈치를 보지 않고, 친구들의 분위기에 휩쓸리지 않고 새로운 사람이 될 수 있을 것만 같았다. 예를 들어 공부를 열심히 해서 우등생이 되어 본다든가……

대호도 사실 속으로는 공부를 잘하고 싶었다. 공부를 잘하고 싶지 않은 학생이 어디 있겠는가? 단지 공부는 어렵고 재미없어서 하기 싫었고, 막상 해도 잘 못할 것 같아서 시작할 엄두조차 내지 못할 뿐이었다.

'내가 공부를 잘하면 하늘에 계신 엄마, 아빠가 기뻐하겠지? 형도 엄청 좋아할 거야. 최신형 핸드폰을 사 줄지도 모르고.'

엄마, 아빠와 루이 형 생각을 하자 대호는 코끝이 찡해졌다.

띠링, 그때 마침 핸드폰에 메시지가 왔다.

하나에게서 온 메시지였다.

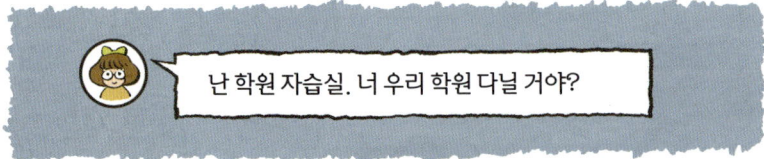

난 학원 자습실. 너 우리 학원 다닐 거야?

'내가 공부 못하는 줄 알면 실망할까?'

꼭 하나 때문에 공부를 잘하고 싶은 건 아니다.

그래도 하나가 실망할 생각을 하니 공부를 못하는 자신이 원망스러웠다.

"이제부터 잘하면 되지. 내가 안 해서 그렇지, 하면 엄청나게 잘할지 어떻게 알아?"

대호는 루이의 작업실로 향했다. 새로 이사 온 집은 방이 세 개나 되어서 루이는 드디어 작업실을 따로 갖게 되었다.

대호는 어이가 없었다. 형은 웹툰 작가라는 꿈을 찾아서 두꺼운 책도 읽고 열심히 노력하면서, 동생은 뭐가 되든 상관없다는 걸까? 대호는 버럭 화를 냈다.

"내가 애야? 나도 중학교 2학년이라고! 미래를 생각할 나이인데 맨날 놀기만 하면 어떡해?"

"아직은 애지. 그러니까 더 놀아~. 행복하고 즐겁게 지내라고~. 형은 이제 일해야 하니까, 나가서 더 놀아~."

루이는 대호를 작업실에서 쫓아냈다. 터져 나오려는 웃음을 참을 수 없었다.

대호를 공부시킬 방법이 없을까요?

대호가 갑자기 공부하겠다고 하면, 반대를 하세요.

누가 반대하면 더 하고 싶은 마음이 들잖아요. 청개구리 효과죠.

루이는 대호를 학원에 등록시키고, 온 마음으로 응원하고 싶었다. 하지만 루이가 아는 사람 중 가장 공부를 잘하는 정 박사의 조언이 떠올라 반대한 것이다.

루이의 계략은 딱 들어맞았다. 대호는 혼자 일등학원에 가서 상담을 받고 국어, 수학, 영어 모든 반을 다니겠다고 했다.

"정말 학원 다닐 거야? 힘들 텐데……. 하지만 네가 정 원한다면 어쩔 수 없지."

루이는 기뻤지만, 마지못해 학원을 보내 주는 척했다.

대호는 독서도 하겠다며 중학생이면 꼭 읽어야 한다는 청소년 소설도 직접 사 왔다. 루이는 대호가 난생처음 스스로 골라 온 책을 펼쳐 보았다. 대호의 취향은 의외였다.

대호는 일등학원에 등록하자마자 하나에게 성적을 들키고 말았다. 일등학원은 일등 반과 일등대비 반, 우등플러스 반, 우등 반, 우등준비 반이 있다. 대호는 우등준비 반에 들어갔다. 말이 우등준비 반이지 일등학원의 꼴찌 반이었다.

대호의 성적은 하나의 예상보다 훨씬, 아주, 많이 나빴다. 하지만 하나는 대호에게 실망하지 않았다. 경쟁심을 느끼지 않아도 되어서 오히려 기뻤다.

게다가 하나가 잘하는 건 공부뿐인데, 대호를 도와줄 수 있어서 좋았다.

'지금까지 누굴 가르쳐 줘 본 적은 없는데…….'

하나는 친한 친구에게도 공부를 도와준 적이 없었다. 요점 공책이나 프린트를 빌려준 적도 없었다. 심지어 시험 범위도 가르쳐 주지 않았다. 다른 사람에게 알려 주면 손해를 보는 기분이라 아까웠기 때문이다.

대호에게 공부를 가르쳐 주면서 하나는 다른 사람에게 설명한 문제는 절대 잊어버리지 않는다는 사실을 깨달았다. 그래서 그 시간이 아깝기는커녕 더 어려운 문제를 잘 설명해 주고 싶었다.

하나는 대호에게 수업 내용을 정리한 공책도 빌려주었다.

"너 되게 착하다. 예전 학교에서 공부 잘하는 애들은 이런 거 절대 안 빌려줬거든."

대호의 칭찬에 기분이 좋아진 하나는 제일 친한 친구인 유정이에게 갑자기 자신의 세계사 공책을 안겨 줬다.

옥상의 비밀

이 책을 만든 사람들

정재승 기획

KAIST에서 물리학으로 학사, 석사, 박사 학위를 받았습니다. 예일대학교 의과대학 정신과 박사후 연구원, 고려대학교 물리학과 연구교수, 컬럼비아대학교 의과대학 정신과 조교수를 거쳐, 현재 KAIST 뇌인지과학과 교수로 재직 중입니다. 우리 뇌가 어떻게 선택을 하는지 탐구하고 있으며, 이를 응용해서 로봇을 생각만으로 움직이게 한다거나, 사람처럼 판단하고 선택하는 인공지능을 연구하고 있습니다. 쓴 책으로는 <정재승의 과학 콘서트>(2001), <열두 발자국>(2018) 등이 있습니다.

정재은 글

프로젝트를 진행하는 동안 때로는 아싸로, 때로는 라후드로, 때로는 오로라나 바바로 끊임없이 정신을 분리하며 도서 전체의 스토리를 진행했습니다. 가 본 적 없는 아우레 행성과 직접 열어 본 적 없는 지구인의 뇌를 스토리 속에 엮어 내기 위해 엄청 열심히 공부를 해야 했습니다. 쓴 책으로 <똥핑크 유전자 수사대> <멘델 아저씨네 완두콩 텃밭> <미스터리 수학유령> 시리즈 등 다수의 어린이 책이 있습니다. 머릿속 넓은 우주가 어디로 펼쳐질지 모르는 창의력 뿜뿜 스토리텔러.

김현민 그림

일찍이 유럽으로 시장을 넓힌 대한민국의 만화가. 대학에서 산업디자인을 전공한 뒤 어릴 때 꿈을 찾아 만화가가 되었습니다. 프랑스 앙굴렘 도서전에 출품한 것을 계기로 프랑스 출판사에서 <Archibald 아치볼드>라는 모험 만화를 만들고 있습니다. 인간이 아닌 괴물이나 신기한 캐릭터 등 상상력을 발휘할 수 있는 그림을 좋아합니다. 몸은 지구에서 벗어날 수 없지만, 머릿속은 항상 우주의 여행자가 되고 싶은 히치하이커.

이고은 심리학 자문

지구인들의 심리를 과학적으로 설명해서 보여 주는 것이 취미이자 특기인 인지심리학자. 부산대학교에서 심리학으로 학사, 인지심리학으로 석사와 박사 학위를 받은 뒤, 강의와 연구를 하고 있습니다. 과학 웹진 <사이언스 온>에서 '심리실험 톺아보기' 연재를 시작으로 각종 매체에 심리학을 소개해 왔으며, <마음 실험실>(2019), <심리학자가 사람을 기억하는 법>(2022)을 펴낸 과학적 스토리텔링의 샛별.

뇌가 말랑해지는 시간
14권 미리보기

공부해야 하는데 자꾸 하게 되는 딴짓은?
이번 방학은 어떻게 보내면 좋을까?
뇌가 말랑해지는 시간을 가져 보자~!

뇌가 말랑해지는 시간 1

공부 시간에 내가 해 본 딴짓은?
딴짓 체크리스트

지구인들은 왠지 공부를 하려고 책상에 앉으면 딴짓을 하고 싶어져요.
공부를 하기 시작하면 갑자기 졸음이 몰려오기도 하고요.
지구인의 집중을 방해하는 딴짓들… 제발 다가오지 마!

☐ 오늘따라 책상이 왜 이렇게 더럽지? 책상 정리를 해야겠어.

☐ 공부할 게 너무 많아! 일단 계획을 세워야지. 계획표부터 예쁘게 꾸미고~.

☐ 어, 저 책 우리 집에 있었네? OO 교수님 추천서던데. 읽고 나서 공부해야지.

☐ 어제 문구점에서 예쁜 스티커를 봤는데, 친구가 좋아하지 않을까? 친구 생일이 언제였더라?

☐ 이 계획은 불가능할 것 같아. 공부 계획을 다시 세워야겠어.
   근데 이 계획도 아닌 것 같아…. 다시 바꿀까?

☐ 아니, 저기 먼지 뭉치가 있네! 방 청소부터 하고 말끔한 마음으로 공부 시작해야지!

☐ TV 소리가 왜 이렇게 커? 어, 근데… 큭큭, 재밌잖아! 오늘만 볼까?

☐ 우앗! 저 배우 누구야? 완전 내 스타일! 검색 시작~!

☐ 오늘 하루를 정리해야 더 집중해서 공부할 수 있을 것 같아. 일기장은 찾았고….
   음, 일기장이 왜 이렇게 허전해? 스티커가….

☐ 드디어 내일 시험 끝이다! 내일 학교 끝나고 애들이랑 뭐 할까?
   떡볶이? 햄버거? 옷 가게?

이것만 하고 집중해서 공부해야지!

0개 : 우주 최고의 집중력을 가졌군! 설마, 외계인?
1~3개 : 집중력을 잘 붙들어야겠는데?
4~7개 : 공부를 하는 게 아니라, 혹시 놀거리를 찾는 중?
8~10개 : 이러다간 공부를 하나도 못 하겠어!

나의 슬기로운 겨울 방학

겨울 방학 생활 계획표를 세워 보아요.

0

18　　　　　　　　　　6

12

또다시 시작된
외계인들의 지구 생활 수난기?

지구인들도 외계인들도 필요한 그것, 돈!

"당장 아우레로 귀환하기는 힘들지도 모르겠다."

도됴리의 웜홀 안테나를 사용할 수 있다는 기쁨과 기대도 잠시, 아우레로 보낸 전파는 답신이 없다.

결국 아우린과 함께 도됴리의 지구 생활은 무기한 연장되었다. 이제 다시 지구에서 완벽하게 살아남기 위해서는…….

"돈! 돈이 필요하다!"

하지만 외계인들에게 돈은 언제나 어려운 존재였다. 돈에 죽고 돈에 사는 지구인들도 잘 다루기 힘들어하는 데다가, 비이성적인 지구인을 더 비이성적으로 만드는 위험한 물건인 것 같은데…….

"제 꿈은 로또 1등 당첨이에요."

"돈이 많으면 걱정이 없을 것 같아요."

"돈을 많이 벌어서 원하는 걸 다 살 거예요!"

    자나 깨나 돈을 모아 부자가 되기만을 꿈꾸는 지구인들과 함께 본격 돈 벌기에 나선 아우린들!
    시장에서 아르바이트를 시작한 탐사대. 그런데 이게 웬걸? 지구인들은 돈을 쓸 때는 돈을 벌 때와는 비교도 안 되게 비이성적이다. 할인된 가격으로 물건을 사면 돈을 버는 것처럼 느끼거나, '1+1'이라는 말에 필요 없는 물건을 사기도 한다. 심지어 루이는 지구인들이 돈을 가장 쉽게 잃을 수 있는 로또를 사기까지!
    매일 돈 생각뿐이지만 실제로는 돈에 이리저리 끌려다니는 것 같은 지구인들!
    이성적인 아우린들과 즐거움만 좇는 도됴리는 지구인과 달리 돈을 현명하게 벌고 슬기롭게 쓸 수 있을까?
    아우린이 관찰하는 지구인의 **"돈"** 이야기가 14권에서 이어집니다.

다양한 SNS 채널에서
아울북과 을파소의 더 많은 이야기를 만나세요.

인스타그램 @owlbook21　페이스북 @owlbook21　네이버카페 owlbook21　네이버포스트 아울북 and 을파소

정재승의 인간탐구보고서
13 인간은 모두 호기심 대마왕

기획 정재승 | **글** 정재은 | **그림** 김현민 | **심리학 자문** 이고은
정보글 백빛나 | **사진** getty images bank, Wikimedia Commons | **배경설계자** 김지선
펴낸이 김영곤　**펴낸곳** ㈜북이십일 아울북

1판 1쇄 발행 2023년 12월 22일
1판 5쇄 발행 2025년　9월 17일

기획개발 문영 이신지　**프로젝트4팀** 김미희 이해인　**디자인** 김단아
영업팀 정지은 한충희 남정한 장철용 강경남 황성진 김도연 이민재
제작 이영민 권경민

출판등록 2000년 5월 6일 제406-2003-061호
주소 (10881) 경기도 파주시 회동길 201(문발동)
대표전화 031-955-2100　**팩스** 031-955-2177　**홈페이지** www.book21.com

ⓒ 정재승·김현민·정재은, 2023
이 책을 무단 복사·복제·전재하는 것은 저작권법에 저촉됩니다.

ISBN 978-89-509-6850-2 74400
ISBN 978-89-509-7373-5 74400 (세트)

책값은 뒤표지에 있습니다.
잘못 만들어진 책은 구입하신 서점에서 교환해 드립니다.

· **제조자명** : ㈜북이십일
· **주소 및 전화번호** : 경기도 파주시 문발동 회동길 201(문발동) / 031-955-2100
· **제조연월** : 2025.9.17.
· **제조국명** : 대한민국
· **사용연령** : 3세 이상 어린이 제품

너와 나, 우리들의 마음을 이해하게 도와줄
첫 번째 뇌과학 이야기
정재승의 인간 탐구 보고서 (1~18권)

❶ 인간은 외모에 집착한다
❷ 인간의 기억력은 형편없다
❸ 인간의 감정은 롤러코스터다
❹ 사춘기 땐 우리 모두 외계인
❺ 인간의 감각은 화려한 착각이다
❻ 성은 우리를 다르게 만든다
❼ 인간은 타고난 거짓말쟁이다
❽ 불안이 온갖 미신을 만든다
❾ 인간의 선택은 엉망진창이다
❿ 공감은 마음을 연결하는 통로
⓫ 인간을 울고 웃게 만드는 스트레스
⓬ 인간은 누구나 더없이 예술적이다
⓭ 인간은 모두 호기심 대마왕
⓮ 인간, 돈의 유혹에 퐁당 빠지다
⓯ 소용돌이치는 사춘기의 뇌
⓰ 사랑은 마음을 휘젓는 요술 지팡이
⓱ 음식, 인간의 마음을 요리하다
⓲ 이야기 공장 뇌, 오늘도 풀가동 중!

인류의 과거와 현재를 이어 줄
아우린들의 시간 여행!
정재승의 인류 탐험 보고서 (1~10권)

완간

❶ 위대한 모험의 시작
❷ 루시를 만나다
❸ 달려라, 호모 에렉투스!
❹ 화산섬의 호모 에렉투스
❺ 용감한 전사 네안데르탈인
❻ 지구 최고의 라이벌
❼ 수군수군 호모 사피엔스
❽ 대륙의 탐험가 호모 사피엔스
❾ 농사로 세상을 바꾼 호미닌
❿ 안녕, 아우레 탐사대!